KB046464

한국생활사박물관

10

— 절정에 이른 조선 문화 —

조 선 생 활 관 2

LIVING IN CHOSUN - WHEN THE CULTURE BLOSSOMED

사계절

한국생활사박물관 편찬위원회

편집인	강응천
연구 · 편집	김영미 · 김향금
기획	(주)사계절출판사
집필	정재훈 (조선실)
	강응천 (야외전시 · 국제실)
	정병모 (특별전시실)
	김향금 (가상체험실)
	강명관 (특강실)
책임디자인	백창훈 · 이정민
편집디자인	이동준
일러스트레이션 디렉터	곽영권
일러스트레이션	백남원 · 이선희 · 이수진 · 이원우 · 이은홍
사진	정주하 · 지중근
전시관 디자인	김도희
제작	박찬수 · 차동현
교정	이경옥 · 김장성
내용 감수	홍순민 (명지대 교수 · 한국사)
기획 감수	최준식 (이화여대 교수 · 종교학)
	오주석 (1956~2005, 전 연세대 겸임교수 · 미술사)
	김봉렬 (한국예술종합학교 교수 · 건축학)
	김소현 (배화여대 교수 · 복식사)
	주영하 (한국학중앙연구원 · 민속학)

일 러 두 기

1. 역사적 사실이나 개연성에 대한 고증과 평가는 학계의 통설을 기준으로 삼았다.
2. 지명과 인명의 표기는 가급적 중·고등학교 교과서를 따랐다.
3. 외래어 표기는 현지 표기를 존중하는 문화관광부 제정 '외래어 표기법'과 중·고등학교 교과서를 따랐다.
4. 한자의 사용은 되도록 피하되 꼭 필요한 경우에는 ( ) 안에 넣었다.
5. 생활사의 성격상 곳에 따라 역사적 개연성을 벗어나지 않는 범위 안에서 가상 인물이나 가상 이야기를 첨가했다.

『한국생활사박물관』 10권 「조선생활관 2」를 펴내며

유럽에서 시민 혁명이 일어나 새로운 사회를 열어 가던 18세기 말, 우리는 조선에서 정조와 정약용이라는 두 명의 천재를 만난다. 그들은 무언가 새로운 사회를 만들어 보자며 의기투합하고 지금의 경기도 수원에다 이전과는 다른 유형의 새 도시를 건설하고 있었다. 산성과 평지성의 이분법을 넘어선 새로운 개념의 성곽, 거중기를 비롯한 새로운 장비, 벽돌이라는 새로운 재료…… 과연 변화를 추구하는 사람들의 작품이라고 할 만했던 이 신도시의 이름은 화성(華城).

그런데 1796년에 완공된 이 '신도시'를 우리는 '전통 성곽 건축의 완성판'이라고 부른다. 이전의 전통을 넘어서서 우리의 근대로 이어지는 새 건축이 아니라 전통을 종합한 '옛날' 건축이란 뜻이다. 그것은 변화와 새로움을 추구한 정조와 정약용의 움직임이 우리에게 바로 이어지지 않았다는 뜻이기도 하다. 화성의 이러한 위상은 그대로 18세기 조선이 우리 역사 속에서 가지는 위상이기도 하다. 이 시대에는 정조와 정약용뿐 아니라 기라성 같은 인재들이 쏟아져 나와 발랄하고 개성적인 '새로운' 문화의 창조로 진군했지만, 우리는 그것을 근대 문화라고 하지 않고 전통 문화라고 한다.

이 시대에 새롭게 형성되거나 변화한 생활 양식, 예컨대 짧아진 저고리, 고추를 양념으로 쓴 빨간색 김치, 전면화된 온돌 문화 등을 일러 우리는 전형적인 '전통 생활 문화'라고 한다. 그리하여 18세기는 우리가 전통이라고 부르는 것의 대부분이 형성된 시대, 이를테면 전통이 완성된 시대가 되었다.

새로움을 추구했으되 '본의 아니게' 전통의 총괄자로 자리매김된 18세기, 곧 후기 조선의 모습은 "즐겁게 춤을 추다가 그대로 멈춰라"는 동요를 연상시킨다. 그러나 그들이 '즐겁게 추던 춤'은 화려하고 다채로웠으며 높은 격조를 지니고 있었다. 18세기의 조선이 새로운 시대를 자기 힘으로 열어제치지 못한 것은 물론 나름의 한계가 있었기 때문이다. 그러나 우리가 근대화의 격랑 속에서 놓치고 지나온 '전통의 힘'이나 '전통의 아름다움'을 찾고자 할 때, 18세기 조선은 수량이 풍부한 저수지처럼 언제나 그 자리에서 우리의 목마름을 달래 줄 것이다.

「조선생활관 2」는, 우리에게는 '전통 시대'로 기억되지만 당시에는 '새로운 시대'를 향한 전진이었던 조선 후기의 넘치는 의욕과 분방한 삶에 관한 보고서이다. 서문격인 '야외전시'는 조선 후기가 어떤 역사적 흐름 위에서 탄생하고 전개되었는지를 시원한 사진과 함께 보여 주고, 본문 격인 '조선실 – 한양의 생활'은 들썩이던 조선 후기 각 계층의 생활상을 당시 변화의 총본산이자 주무대이던 한양을 통해 만화경처럼 펼쳐 보여 준다. 나아가 심화 코너인 '특별전시실', '가상체험실', '특강실'에서는 당시 새롭게 꽃피던 문화적 창조물, 즉 회화와 건축과 문학의 새로운 갈래들 속에 표현되어 있는 조선 후기 삶의 모습을 조명한다. 마지막으로 '국제실'에서는 동서양을 통틀어 전통 시대를 대표하는 존재였던 각 문화권의 군주를 서로 비교하고 각각의 특징을 짚어 보았다.

혹시 모르는 일이다. 조선 후기를 여행하는 가운데 그 시대의 생활 문화 속에서 그 시대 사람들조차도 찾지 못했던 새 시대의 단초를 21세기의 우리가 새롭게 발견하게 될지도.

박물관은 옛날의 것, 이미 죽은 것을 전시하는 곳이다. 하지만 박물관이 전시하는 '옛날'은 살아 있어야 한다. 우리는 박물관 유리 뒤에서 박제된 주검의 모습을 하고 있는 유물을 바라보며 생각했다. 풍속화 속 인물들이, 화성의 상인과 농부가 실제로 살아가는 모습을 볼 수 있다면, 옛사람의 생활상을 한 편의 영화처럼 생생하게 들여다볼 수 있다면…….

바로 그런 문제의식에서 기획된 '책 속의 박물관' 『한국생활사박물관』이 이제 열 번째 권을 내게 되었다. 이 한 권의 책에 실린 800매의 원고와 80여 점의 그림, 120여 컷의 컬러 사진이 조선과 조선 사람들에게 올바른 평가를 안겨 주기 바란다. 우리가 선사 시대부터 현대에 이르는 우리 민족의 생활사를 오롯이 복원해 낼 때까지 독자 여러분의 따뜻한 격려와 호된 질책을 함께 기다린다.

2004년 1월 한국생활사박물관 편찬위원회

절정에 이른 朝鮮文化

조선 문화가 절정에 이른 18세기. 그 끄트머리에서 우리는 정조를 만나고 화성을 만난다. 1795년(정조 19년) 팔달산 정상에 지어진 서장대에 올라 화성을 굽어보던 정조는 감격에 겨워 즉석에서 시를 읊었다. “성은 평지를 따라 둘러 있고 장대(將臺)는 먼 하늘에 기대어 높이 솟았네. 만 개의 살받이 규모도 웅장하고 삼군(三軍)의 뜻과 기운, 호탕도 하다.” 그의 눈앞에는 그 후로도 수백 수천 년 이어질 조선의 미래가 웅대하게 펼쳐져 있었으리라. 그러나 그 직후 조선은 내리막길을 걸었고, 200년이 지난 지금 우리는 아마도 정조가 꿈꾸던 것과는 다른 미래에서 살고 있을 것이다. 그렇다고 18세기가 덧없이 지나가 버린 옛날일 수만은 없다. 18세기가 꽃피운 생활 문화를 제대로, 아니 더 멋지게 계승하기 위해 이제 서장대를 내려가 그 시대 속으로 들어가 보자. '가상체험실'을 참조하세요.

서장대(西將臺) : 지금의 경기도 수원시에 자리잡은 성곽 도시 화성(華城)의 지휘 본부. 당초 건물에는 정조가 친필로 '화성장대(華城將臺)'라고 쓴 현판이 걸려 있었으나 건물과 함께 없어졌다. 화성 건축의 기록인 『화성성역의궤』가 남아 있어서 1971년 건물을 원형에 가깝게 복원할 수 있었다.

The Blossom of Culture

다시 일어서는 조선 — 북한산성

"가노라 삼각산아 / 다시 보자 한강수야 / 고국 산천을 떠나고자 하랴마는 / 시절이 하 수상하니 올동말동하여라." 1636년(인조14년) 병자호란 때 끝까지 싸울 것을 주장하던 김상헌이 청나라로 끌려가면서 목놓아 읊던 유명한 시조이다. 그로부터 약 80년. 김상헌이 피눈물 흘리며 뒤돌아보던 '삼각산', 곧 북한산에 견고한 산성을 다시 쌓는 함성이 울려 퍼지기 시작했다. 때는 1711년(숙종 37년). 임진왜란(1592~1598)과 두 차례의 호란을 겪으면서 피폐할 대로 피폐해진 조선의 모습은 먼 옛날 일이 되어 가고 있었다. 약 9500m에 이르는 성곽을 가진 560km²의 산성이 공사를 시작한 지 불과 6개월 만에 웅장한 모습을 자랑하며 완공되었다. 김상헌이 통탄하던 '하 수상'한 세월이 지속되었다면, 조선이 안정된 사회를 바탕으로 막강한 동원력과 경제력을 발휘할 수 없었다면, 이 놀라운 공사는 불가능했을 것이다. 따라서 우리는 북한산성에서 17세기의 어려움을 이겨 내고 새로운 시대로 나아가고 있던 18세기 조선의 모습을 확인할 수 있다. 이 산성은 다시 병자호란 같은 국난을 당했을 때 서울 도성의 임금과 백성이 함께 들어가 싸워 나갈 곳으로 재건되었지만, 이후 한 번도 그런 용도로 사용되지 않았다. 조선이 숙종에 이어 영·정조에 이르기까지 전쟁 없는 태평성대를 일구어 나갔기 때문이다. ※ 38~39쪽 '조선실'을 참조하세요.

북한산성 : *지금의 경기도 고양시 효자동에 자리잡은 산성의 대남문 부분. 백제가 '하남 위례성'에 도읍을 정했을 때 도성을 북쪽에서 지키는 성으로 132년(개루왕 5년)에 처음 쌓았다. 백제군은 이 성에서 고구려의 남진을 막았다. 고려 현종 때는 거란의 침입을 피해 이 성에 태조의 관(梓宮)을 옮겼고, 고종 때는 이곳에서 몽골 군과 격전을 벌이기도 했다(1232년). 그 후 버려진 것을 조선 후기에 다시 쌓았다. 사적 162호.*

『북한산지』 : *1745년(영조 21년)에 편찬된, 북한산성에 관한 기록. 북한산성을 쌓을 때 참여한 승려 성능이 산성 관련 기사를 편집한 목활자본. 1책. 규장각·장서각 도서.*

비바람 걷힌 뒤 - 「인왕제색도(仁王霽色圖)」 : 1751년(영조 27년)
한여름 소나기가 지나간 뒤의 인왕산 모습. 겸재 정선이 그린 이 그림의 제목은 '비 갠 뒤의 인왕산 풍경'이라는 뜻이다. 이런 그림을 일러 조선의 참모습을 그렸다고 해서 '진경산수화'라고 부른다. 옆으로 길게 잡은 화면, 그 화면을 압도하는 바위의 대담한 배치, 산 아래 낮게 깔린 구름, 짙은 먹으로 표현한 나무들이 걸작 그림의 참모습을 아낌없이 보여 주고 있다. 그림 제목이 위기를 넘어서 새롭게 문화를 꽃피우던 당시의 조선을 연상시킨다. 종이에 먹. 국보 216호. 79.2×138.2cm. 호암미술관 소장. *34~37쪽 '조선실' 참조.*

仁王霽色
謙齋
辛未閏月下浣

주합루(宙合樓) : '주합(宙合)'은 천지를 담는 주머니를 뜻한다. 위로는 하늘 위까지 통하고 아래로는 땅 아래까지 포괄하며 밖으로는 사해(四海) 밖까지 미쳐서 천지를 둘러싼다고 한다. 정조가 즉위하던 1776년에 지었고, 아래층인 규장각에는 수만 권의 책을 보관했다.

*「**규장각도**」: 가운데 2층 건물 중 1층이 규장각이고 2층이 주합루이다. 뒤쪽으로 창덕궁의 뒷산인 응봉이 보인다. 김홍도의 그림이라고 전해진다. 비단에 채색. 144.4×115.6cm. 국립중앙박물관 소장.*

조선의 문화 역량을 모아 — 주합루

18세기 조선 사람들은 오늘의 우리가 쉽게 이해하기 어려운 오기와 자존심을 가지고 있었다. 그것을 이름하여 '조선중화주의'라고 한다. 이것은 한마디로 조선이 중화(中華)라는 사고 방식이었다. 물론 조선 전기에도 이런 생각이 없었던 것은 아니다. 그러나 그때는 명나라가 중화라는 것을 인정하면서 조선'도' 중화라고 했지만, 18세기에는 오직 조선'만' 중화라고 한껏 주장하였다.

중국에서 명나라가 망하고 오랑캐였던 만주족의 청나라가 등장했으니 이제 세상에 남은 중화의 나라는 조선뿐이라는 것이었다. 유교적 세계관에서 '중화'란 곧 문화를 가리킨다. 따라서 '조선중화주의'란 조선만이 '유교적 문화 국가'라는 뜻이다. 이런 사고 방식은 조선의 사회와 역사와 자연에 대한 관심을 키우고, 조선적 특색을 갖는 유교 문화를 발전시키는 밑거름이 되었다.

'조선중화주의' 자체는 객관적 현실에 비추어 알량한 이데올로기에 불과하다고 말할 수도 있다. 그러나 정말 중요한 것은, 그것을 기치로 삼았든 아니든 간에 이 시기에는 더 이상 중국을 기준으로 삼지 않고 조선의 현실에 대한 자부심과 비판 의식으로 무장한 정치인·학자·예술인이 쏟아져 나왔다는 점, 그리고 그들이 독창적이고 다양한 조선 문화를 가꾸는 데 크게 기여했다는 점이다. 정조가 '왕립 학술 기관'으로 세운 규장각에는 이처럼 발랄한 문화 역량을 한데 모아 조선을 참된 문화 대국으로 이끌어 가고자 하는 포부가 담겨 있었다. 규장각과 그 2층의 주합루(왼쪽 사진)는 이 시대 조선의 '문화 1번지'였다. ※ 31~37쪽 '조선실'을 참조하세요.

전통 문화의 꽃을 피우고 - 「미인도」

"이 조그만 가슴에 서리고 서려 있는 여인의 봄볕 같은 정을,
붓끝으로 어떻게 그 마음까지 고스란히 옮겨 놓았느뇨?
(盤薄胸中萬化春 筆端能與物傳神)" (오주석, 『한국의 미 특강』).

조선 후기 화가 신윤복은 이 그림을 완성하고는 스스로
감격에 겨워 이렇게 적었다.
다리(가체)를 구름처럼 얹은 머리에 동그랗고 자그마한 얼굴,
둥근 아래턱, 다소곳이 솟은 콧날과 좁고 긴 코,
복스러운 뺨과 아담한 입, 가느다란 눈썹에 쌍꺼풀 없는 긴 눈,
귀밑으로 하늘거리는 잔털……. 이 여인은 우리 전통
미인의 전형이자 우리 전통의 아름다움 그 자체이다.

쪽물 들인 풍성한 회청색 치마에 받쳐 입은 짧은 남자주색
삼회장 저고리, 말려 올라간 치마 끝으로 한쪽만 살짝 드러난
외씨 버선 등은 여인의 아름다움을 돋보이게 할 뿐 아니라
우리 옷맵시의 멋을 한껏 자랑하고 있다.
섬세하고 깔끔한 선과 엷은 채색은 여인의 은은한 분위기를
더욱 돋보이게 해 준다. 자줏빛 고름과 삼작 노리개를 수줍은 듯
만지작거리며 고개 숙여 무언가를 응시하는 여인의 표정을 보고
설레는 것이 화가만의 심정일까?

이 그림은 신윤복이 사모하던 기생을 묘사한 것이라는
말도 있지만, 이 여인은 신윤복 개인을 넘어 그림을 본
조선 사람들을 모두 감동시켰을 것이고 200년의 세월을 넘어
우리에게도 변치 않는 감동을 주고 있다.

이처럼 이 그림은 조선 후기의 문화 역량과 미의식을
한 몸에 담아 내고 있을 뿐 아니라, 그 시대에 머무르지 않는
보편적인 아름다움을 과시하고 있다. 그것이 전통의 미덕이요
우리 시대에도 살아 있는 조선 문화의 힘이다.
비단에 채색. 45.2×114cm. 간송미술관 소장.
56~57쪽 '조선실'을 참조.

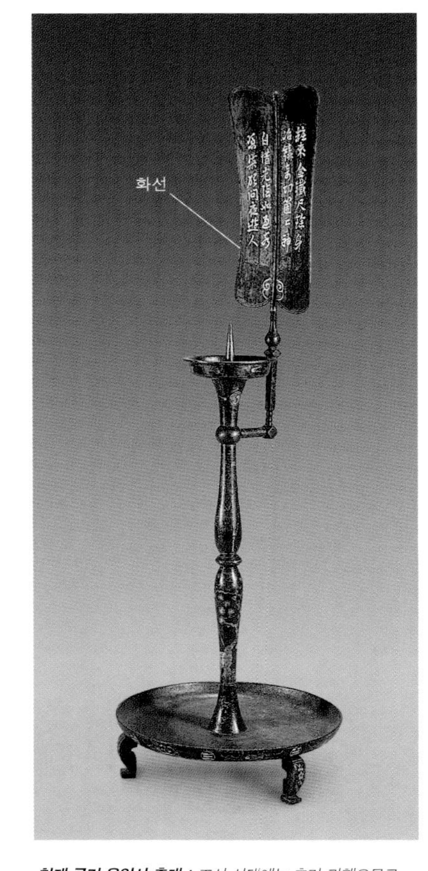

철제 구리 은입사 촛대 : *조선 시대에는 초가 귀했으므로 초를 쓸 수 있는 계층은 부유한 양반이었다. 따라서 촛대는 그들의 기호를 반영하여 모양과 장식이 매우 세련되었고 형태도 다양했다. 촛불의 밝기를 조절하는 박쥐 모양의 화선(火扇)이 아름답다. 조선 시대. 높이 80.5cm. 국립중앙박물관 소장.*

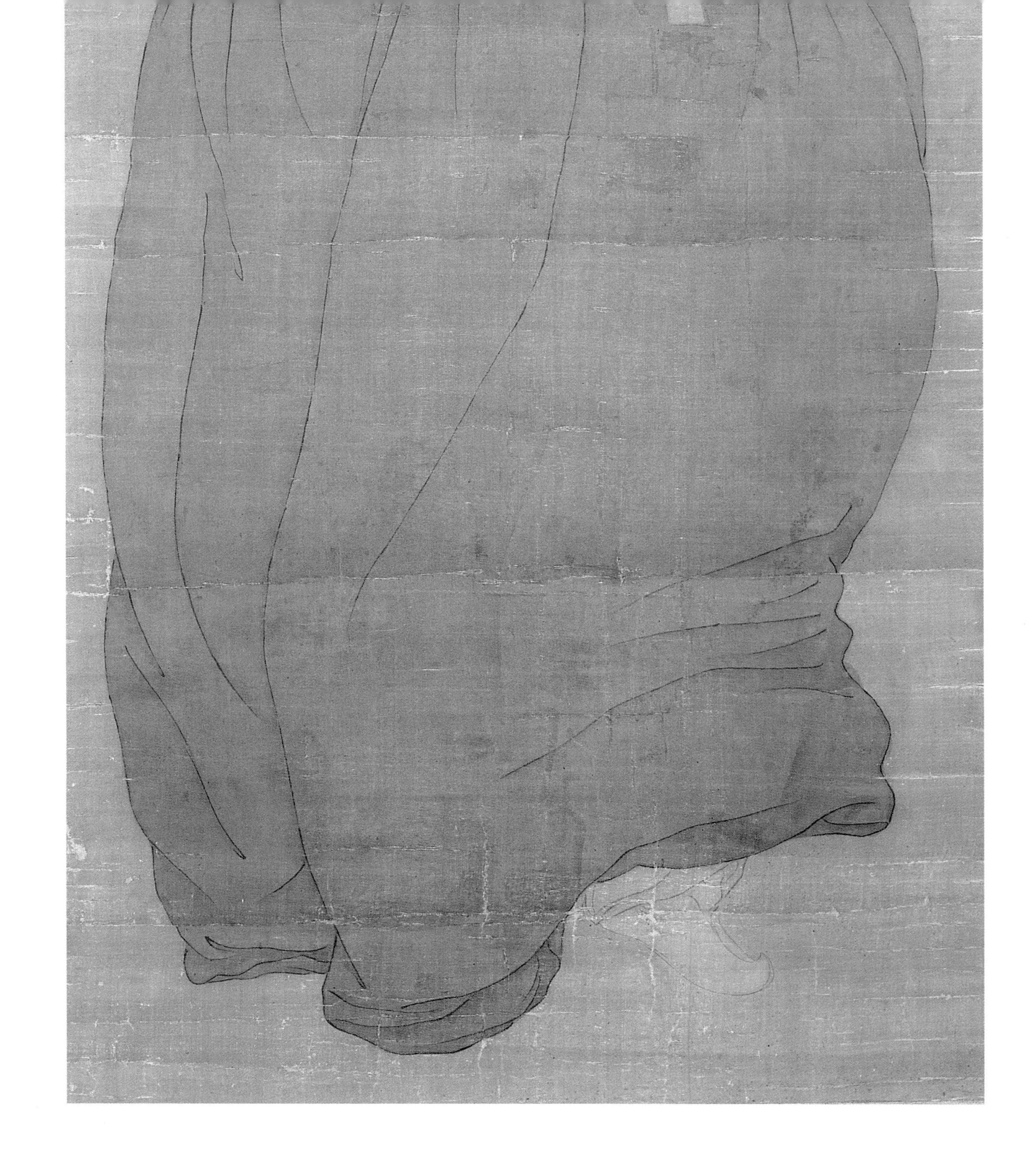

흐드러진 축제 한마당을 펼쳤다 — 탈춤 놀이

조선 후기 경상도 고성에서 탈춤판이 벌어졌다. 양반 행세 하는 다섯 광대의 놀이라는 뜻에서 '오광대놀이'로 불리는 이 탈춤판의 주역은 가운데 대갓 쓴 양반집 종 말뚝이. 그는 자기를 불러 대는 원양반, 적재양반, 흑재양반 등 별별 양반을 아니꼽다는 듯 훑어보며 툭 한마디 내뱉는다. "날이 뜨뜨부리하니 양반의 자식들이 흔터(빈터)에 강아지 새끼 모인 듯이 물끼에 송어리 모인 듯이 연당못에 줄나무싱이(줄남생이) 모인 듯이 모두모두 모이어, 제 의붓아비 부르듯이 '말뚝아' 부르니 듣기 잔히 앳끕아(아니꼬아) 못 듣겠소." 그러자 한 양반이 버럭 화를 낸다. "이놈, 의붓아비라니!"(심우성, 『한국의 민속극』) 그렇게 한번 대거리를 하고 난 다음 굿거리 장단이 울리면 말뚝이와 양반이 뒤섞여 한바탕 덧배기 춤을 신나게 추고, 춤이 그치면 또 대거리, 대거리 끝에 다시 덧배기 춤…….

이 공연에서 말뚝이는 양반을 호되게 비판하고 그들의 추악한 모습을 낱낱이 까발린다. 양반 사대부의 나라에서 양반을 꼬집는 공연이 공공연하게 펼쳐졌다는 것은 조선 후기의 변화하는 사회와 문화의 다양성을 단적으로 보여 준다. 본래 조선 시대에는 중앙의 산대도감에서 각종 공연을 맡아서 관리했다. 그러다가 17세기 인조 때 산대도감 놀이가 폐지되면서 놀이패는 여러 집단, 여러 지역으로 분산되고 공연의 소재와 성격도 다양해졌다. 상품과 돈이 널리 유통되면서 양반도 돈으로 사고 파는 세상이 되자, 신분 질서가 흔들리고 다양한 인간 군상이 등장하여 공연이나 문학 예술의 소재가 되기 시작한 것이다. 절정으로 치달은 것은 한양과 양반의 고급 문화만이 아니었던 것이다. 「조선생활관 2」는 이 절정의 시대가 보여 준 넘치는 의욕과 분방한 삶에 관한 보고서이다.

북쪽을 보라, 북경 갔던 연행사 돌아온다

18세기 조선 ❷ 외교

시선을 북쪽으로 확 돌리면 북경 근교 만리장성에서 담헌과 연암이 "세상은 넓고 조선은 좁다!"고 소리지르고 있다.
압록강 건너오는 연행사는 신구 세대가 "조선이 최고다", "아니 청을 배우자" 다투는데
그들의 짐보따리를 풀어 보면 조선을 바꿀 새로운 문물, 새로운 사상, 새로운 예술, 새로운 세계관이 이미 가득하다.

18세기 한양과 북경 사이 ● 왼쪽은 조선 사람이 18세기 어느 도시를 그린 그림인데, 좀 이상하다. 이국풍의 사람들이 시내를 활보하고 이국풍 건물이 여기저기 눈에 띈다. 당시 조선에 이렇게 국제적인 도시가 있었을까!

사실 「태평성시도」라고 불리는 이 그림에는 당시 중국 청나라 수도였던 연경(북경)의 풍광이 겹쳐 나타난다. 그것은 조선 후기 250여 년간 500회 이상의 사절단이 청나라를 방문하고 왔다는 사실과 무관하지 않다. 북경을 방문한 사람은 어떤 이들이었으며, 그들은 그곳에서 무엇을 보았고 무엇을 가지고 돌아왔을까?

북경을 떠나며 ● 1766년(영조 42년), 조선 사절단이 청나라 방문을 마치고 북경을 떠났다. 그 속에 군관으로 낀 담헌 홍대용의 감회는 남달랐다. 그는 숙부인 서장관 홍억 덕에 소원이던 연행(연경행)을 이루게 되자, 역관에게 중국말까지 배워 가며 이번 연행을 준비했다.

연행은 그에게 많은 견문을 안겨 주었다. 엄성·반정균 등 절강성 출신의 청나라 지식인과 만나 유교 경전, 역사, 풍속 등에 관해 폭넓은 의견을 나누고 평생 이어질 우정을 쌓은 것은 큰 행운이었다. 또 독일인 할레르슈타인을 만나고 천주 교회를 방문하여 서양 문물을 접했으며, 관상대에 가서 천문 지식을 넓히기도 했다.

왔노라, 감탄했노라, 비판했노라 ● 연행사는 오고 가는 길에 만리장성이 시작되는 산해관을 지난다. 달에서도 보인다는 만리장성은 조선 선비들에게도 꿈의 대상이었다. 홍대용의 평생 친구, 연암 박지원은 훗날 "만리장성을 보고 중국이 큰 나라임을 알았다!"고 외쳤다.

홍대용도 그 앞에서 "여름 버러지와 더불어 얼음을 말할 수 없다"(『장자』)는 구절을 떠올렸다. 조선 사람은 좁은 조선 땅에서 안주하다 보니 옹색해진다는 생각이 들지 않을 수 없었다.

그러나 크다는 것이 미덕만은 아니다. 산해관 근처에는 연행사들이 빠뜨리지 않고 보았던 강녀(姜女)의 망부석이 있다. 이곳까지 왔다가 남편이 만리장성 공사 중에 지쳐 죽었다는 사실을 알고, 진시황을 원망하며 울다가 죽어 한 조각 돌로 남았다는 촌부의 망부석!

홍대용은 크고 위엄 있는 것이 아무리 좋다 해도 인간을 희생해서는 가치가 없다는 진리를 망부석 앞에서 되뇌며 귀국길을 재촉했다.

"북벌이 아니라 북학!" ● 홍대용은 중국이 큰 나라라고 해서 무작정 찬양하지 않았던 것처럼, 청나라가 만주족 오랑캐의 나라라고 해서 무조건 미워하고 깔보는 것도 경계했다.

병자호란에서 청나라에게 졌지만, 아니 졌기 때문에 이후 조선에서는 '북벌론'이 득세했다. 당장은 힘이 부쳐 항복했지만 오랑캐에게 굽히고 들어갈 수는 없으며 언젠가는 북으로 쳐들어가 수모를 갚아 줘야 한다는 것이었다.

그러나 홍대용·박지원 등은 청나라에 흘러넘치는 문물을 확인하고 '북벌론'은 우물 안 개구리의 발상이라고 비판했다. 청을 극복하기 위해서라도 청의 문물과 새로운 사조를 배우고 연구해야 한다는 것 — 그것이 이 시대의 주요한 사상적 흐름 가운데 하나로 자리잡아 갔던 '북학'이었다.

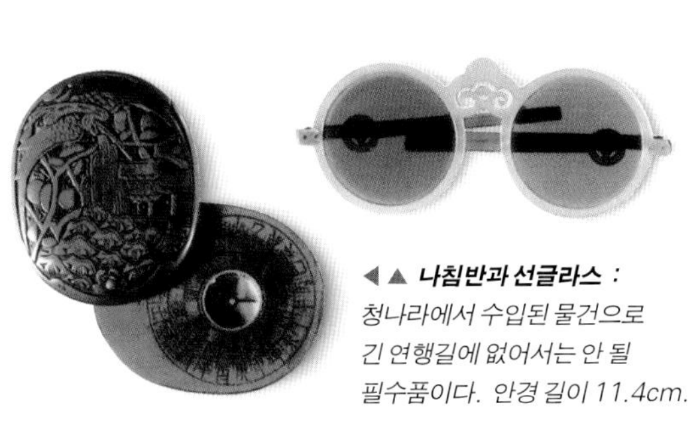

◀▲ **나침반과 선글라스 :** 청나라에서 수입된 물건으로 긴 연행길에 없어서는 안 될 필수품이다. 안경 길이 11.4cm.

◀「**태평성시도(太平城市圖)**」: 중국인이 도시 풍경을 그린 「성시도」를 바탕으로 조선에서 이를 다시 그린 그림. 북경에 갔던 연행사가 보았던 상점이 그림 속에 즐비하다. 다만 주방에서 음식을 만드는 부엌을 묘사한 장면 등 조선식 생활 표현이 많이 등장한다. 18세기 후반. 비단에 채색. 113.6×49.1cm. 국립중앙박물관 소장.

▼ **북경 가는 길 :** 연경(북경)으로 가는 연행길은 해로보다는 육로를 주로 이용했다. 그 거리는 1200여 km로 가는 길이 50~60일, 오는 길이 50일 정도 걸렸으며, 북경에서는 5개월 정도 머물렀다. 3사(정·부사 각 1명, 서장관 1명) 등 정식 사절단 30명을 포함해서 전체 일행은 2백~3백 명 안팎이었다. 「입연정도도」. 18세기 말. 규장각 소장.

萬二千峯皆骨山何人用
意寫眞顔衆香浮
動扶桑外
積氣雄蟠
世界
間
幾朶
芙蓉揚素
彩半林松
柏隱玄關縱令脚
踏須今遍爭似枕邊看不慳
甲寅冬題
金剛全圖
謙齋

동쪽을 보라, 겸재 정선이 금강산을 지고 온다

18세기 조선 ❸ 문화

연행사 따라 북쪽으로 갔다가 큰 나라, 신문물 앞에서 자존심 팍 상했다고? 그렇다면 고개를 돌려 동쪽을 바라보자.
천하 명산 금강산이 천하 명필 정선의 손에서 태극 원리를 품은 천하 명품으로 다시 태어나고 있다.
조선의 문화, 조선의 전통이 생활의 모든 분야에서 무르익는 가운데 선비의 화폭에서는 사군자가 소담히 피어나고 있다.

조선의 산 금강산 ● 1711년(숙종 37년). 서른여섯 살의 선비 화가 겸재 정선은 일만 이천 봉 금강산을 거뜬히 짊어지고 대관령을 넘어 서울로 돌아오고 있었다. 그림 그리는 '환쟁이'로서 천하의 명산을 본 것만큼의 영광이 어디 있으랴. 강원도 김화 현감으로 가서 정선을 불러 준 친구이자 시인인 이병연이 고마울 따름이었다.

'금강산'은 불교 경전인 『화엄경』에 나오는 산으로 통일신라 시대부터 그 이름을 얻었다. 오대산·낙산사는 중국·인도에도 있지만 금강산은 오직 이 땅에만 있었으므로 신라인의 자부심은 대단했다. 고려 때 일만 이천 봉 모두에 다 『화엄경』에 등장하는 봉우리 이름을 붙이자, 금강산은 그 자체로 화엄 불국토를 이루게 되었다.

조선이 유교의 나라라고 해서 금강산을 홀대할 수는 없었다. 16세기에 율곡 이이가 조선 성리학을 정립한 이래 국토 사랑이 퍼져 가면서, 송강 정철의 「관동별곡」처럼 금강산의 빼어난 경치를 자랑스럽게 묘사한 문예 작품이 쏟아져 나왔다. 1698년(숙종 24년) 경상도 고성 군수 남택하는 남해 바다에서 '해금강'을 발견하여 금강산과 음양의 조화를 이루도록 하기도 했다.

조선 그림, 「금강전도」 ● 1734년(영조 10년). 정선이 처음으로 금강산을 만난 지 20여 년. 그 동안 틈만 나면 금강산을 보러 갔다. 그가 금강산의 진경을 그리면, 친구 이병연은 그 옆에 산수를 읊은 진경시를 적으며 함께 조선 자연의 아름다움을 노래하곤 했다. 이렇게 그려 친구에게 준 것만 스무 점이 넘었다.

이제 환갑을 바라보는 정선은, 금강산을 다시 돌아보는 대신 베갯머리에 두고 실컷 볼 수 있는 금강산을 창조하기로 마음먹었다. 그런데 문제는 1만 2천 개나 되는 봉우리를 한번에 다 볼 수 있게 그릴 수 있느냐였다. 그러나 화가는 천하의 정선. 그는 금강산에 대한 기억을 모아 금강산 전체를 하나의 둥근 원 속에 뭉뚱그려 담아내었다. 그것이 저 유명한 「금강전도」이다(왼쪽 그림). 이 위대한 단순함이라니!!

조선 전기의 대표적 그림인 안견의 「몽유도원도」는 중국 산수를 소재로 했다. 그러나 정선의 그림은 조선을 소재로 하여 최고의 경지에 이르렀으니, 이는 조선에 대한 자부심이 넘쳐나지 않고서는 불가능한 일이었다.

조선 사람 이채, 조선 그림 「이채 초상」 ● 조선 전기에는 소를 그려도 중국의 물소를 그렸으나 이제는 조선의 소를 그렸다. 이처럼 '지금 여기'를 소중하게 여기는 정신은 인물화에서도 나타나, 서양화는 저리 가라 할 정도로 정밀하게 조선 사람을 그려낸 명품들이 나타났다.

영조 때 문신인 이채의 초상(오른쪽 그림)은 조선 후기의 그림이 얼마나 현실의 정확한 묘사에 공을 들였는가를 잘 보여 준다.

형형한 빛을 내뿜는 눈매를 자세히 들여다보면 홍채까지 정밀하게 묘사되어 있는 것을 알 수 있다. 왼쪽 눈썹 아래에는 노인성 각화증, 즉 검버섯이 선명하게 보이고 눈꼬리 아래에는 노인성 지방종까지 드러나 있다. 요즘 증명 사진에서는 보기 싫다고 지워 버리는 이런 부분까지 성심껏 그렸던 것이다.

살을 파고 나온 수염 한 올 한 올, 오방색 술띠 한 올 한 올까지, 그야말로 '죽기살기'로 그린 이런 그림이야말로 '멋있게가 아니라 정확하게'라는 사실주의 정신의 발로가 아닐 수 없다.

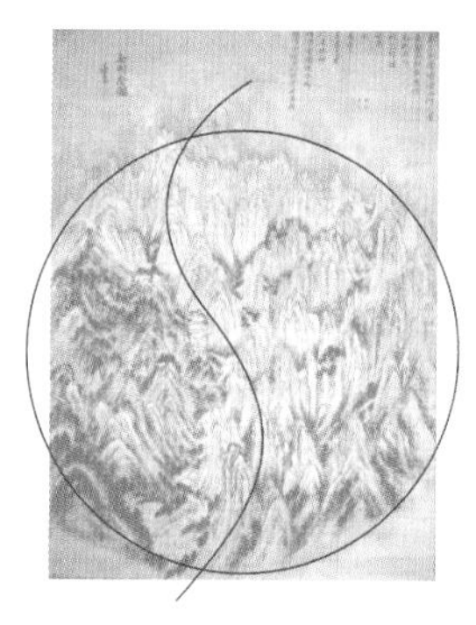

◀ **일만 이천 봉우리가 태극으로 :** 「금강전도」에서 한가운데 만폭동 계곡을 중심으로 하여 장경봉에서 비로봉까지 남북으로 길게 S자로 휘어진 선은 영락없는 태극을 그린 것이다. 태극은 무한한 공간과 영원한 시간을 뜻하는 동시에 혼돈에서 질서로 가는 첫걸음을 뜻한다. 금강산이 우주의 원리인 태극으로 승화한 것이다. 1734년. 종이에 수묵 담채. 130.7×94.1cm. 국보 217호. 호암미술관 소장.

▼ **「이채 초상」 :** 조선, 특히 후기 조선은 초상화의 왕국이었다. 한 인물의 정신과 인격까지도 남김없이 표현하려던 '전신(傳神)' 기법이 그 특징이다. 작가 미상. 비단에 채색. 99.2×58.0cm. 국립중앙박물관 소장.

▲ **시 쓰는 조선의 선비들 :** *선비들이 모여 문·무·예(시·활·그림)를 겨루는 장면을 그린 강희언의 『사인삼경첩(士人三景帖)』 중 「사인시음(士人詩吟)」. 종이에 담채. 26×21cm. 국립중앙박물관 소장.*

▲ **동국진체 :** *조선 후기에 완성된 조선 고유의 서체. 쓴 사람은 윤순(尹淳). 서체의 고전인 왕희지체를 바탕으로 독특하게 창안한 서체였다. 내용은 『문선(文選)』에 실린 「강남곡(江南曲)」. 1737년. 종이에 먹. 45×40.3cm.*

▼ **「헌수가」 :** *경상도 운문산 산기슭 어느 선비 집으로 시집간 가난한 딸이 친정 아버지의 회갑 잔치에 와서 지은 작품. 부모의 장수를 기원하고 있다. 전체 길이 14m 짜리 장편 한글 가사.*

그림뿐 아니라 글도 조선식으로 ● 환갑을 훨씬 넘긴 정선이 한가로운 노년을 즐기던 1740년대 어느 여름. 노화가는 강세황·강희언 등 빼어난 젊은 제자들과 함께 느티나무 아래 대자리를 깔고 앉아 그들이 서로 시를 겨루는 모습을 지켜보고 있었다(위 그림). 이들은 어느 대청마루에서 그림 그리기를 마치고 이곳으로 옮겨와 시 쓰기 경쟁을 하는 중이었다.

※ 64쪽 '특별전시실' 을 참조하세요.

스승 앞에서 곰방대를 빼물고 있는 강세황의 모습이 현대인의 눈에는 버르장머리없어 보이건만, 벗들을 바라보며 다음과 같이 너스레를 떠는 그 자신은 정작 태평하기 짝이 없다. "수염을 꼬고 있는 모습이 시를 읊조리는 것 같고 선비들의 붓질 역시 가히 뛰어난 그림 솜씨로다."

이 선비들은 진경산수화의 대가인 동시에 시와 붓글씨에도 모두 뛰어났다. 그들이 즐긴 시는 물론 한시였지만, 그 시는 진경시였고 글씨 역시 조선 고유의 글씨체였다.

특히 조선 특유의 붓글씨는 이미 16세기에 한석봉이 '석봉체'를 창안하면서 확고하게 자리잡았다. 17세기에는 송시열·송준길의 '양송체', 18세기에는 이서의 '동국진체'(오른쪽 위)가 잇따라 개발되었다.

기왕이면 조선 글을 씁시다 ● 하지만 세종이 이미 조선의 글을 만든 상황에서 조선 말은 조선 글로 표현해야 '조선풍'에 100% 값한다고 볼 수 있다. 그런 의미에서 참된 조선 문학의 문을 열어젖힌 사람은 16세기 사대부 송강 정철이었다. 그가 「사미인곡」·「속미인곡」 등으로 한글 가사의 시대를 열자, 18세기에는 내방(內房)에 들어앉은 여성들이 내방 가사를 봇물처럼 창작하여 그에 화답했다(위 오른쪽 아래).

17세기에 나온 허균의 『홍길동전』과 김만중의 『구운몽』·『사씨남정기』를 신호탄으로 한글 소설도 선을 보였다. 특히 18세기에는 개인이 판매할 목적으로 목판에 찍어낸 한글 소설이 쏟아져 나왔는데, 이것을 '방각본'이라고 했다. 방각본은 서울뿐 아니라 다소 정교함이 떨어지긴 해도 호남을 비롯한 지방에서도 널리 보급되어 새로운 상업 소설의 가능성을 열었다.

◀ **모진 서리에도 홀로 절개를 지키는 국화처럼 :** 이 그림의 제목인 「오상고절」은 "모진 서리에도 홀로 절개를 지킨다"라는 뜻으로 사군자의 하나인 국화를 상징하는 말이다. "한 송이 국화 꽃을 피우려고 봄부터 소쩍새는 그렇게 울었나 보다"라는 서정주 시인의 「국화 앞에서」 시구를 연상시킨다. 비록 그 시인은 일제에 협력함으로써 절개를 지키는 데 실패했지만. 심사정, 「오상고절(傲霜孤節)」. 종이에 담채. 38.4×27.4cm. 간송미술관 소장.

◀ **유언호 (1730~1796) 묘표(墓表)**
사대부의 묘소 앞에 세웠던 묘비의 하나. 성리학이 시대 이념이 되면서 검박과 단정함을 강조, 조선 고유의 지붕 모양 머리돌과 네모 단정한 받침돌을 깔아 조선 고유의 형식을 완성했다.

군자의 나라 조선에 사군자(四君子) 피어나고 ● 조선의 산수를 그리고, 조선식으로 글씨를 쓰고, 조선의 글로 책을 펴내고…… '조선 열풍'이라고 해도 좋을 이 문화 현상의 밑바닥에는 "조선이 세상에 남은 유일한 중화의 나라"라는 자부심이 깔려 있었다. 조선 사람들이 중화 세계의 중심이라고 여기던 명나라가 청나라에게 멸망당하자, 이제는 조선이 그 중심이며 중화 세계 그 자체라는 생각이 피어난 것이다.

중화의 나라라는 것은 유교 문화가 꽃핀 나라, 유교적 이상형인 군자들이 사는 나라를 뜻한다. 실제로 조선의 선비들은 중국에서 들어온 성리학을 조선의 틀에 맞게 완전히 소화하여 '조선 성리학'을 만들어 냈기에 이런 자부심을 가질 만했다.

그러한 조선 후기 '군자'들의 벗으로 새롭게 떠오른 것이 매화·난초·국화·대나무를 일컫는 '사군자'라는 그림 제재였다(위 왼쪽). 조선 전기에는 조선이나 중국이나 '추위를 이기는 세 벗(歲寒三友)'이라는 소나무·대나무·매화를 즐겨 그렸다. 그런데 17세기 명나라에서 진계유(陳繼儒)라는 선비가 '세 벗' 가운데 소나무를 빼고 난초와 국화를 넣어 사군자를 창안했다. 그러고는 명나라가 망해 버렸으니, 조선의 선비들은 사군자를 그리면서 명나라에 대한 옛정도 떠올리고 '유일한 중화' 조선에 대한 자부심도 되새겼을 것이다.

조선의 선비는 죽을 때도 조선식으로 죽는다 ● 생활과 문화의 모든 면을 조선식으로 재창조한 조선 선비들은 죽을 때에도 조선식으로 죽었다. 불교식 화장 문화가 유교식 매장 문화로 바뀐 걸 말하는 게 아니다. 그건 조선 전기의 일이었다. 조선 후기에 완성된 '죽음의 형식'은 기와 지붕을 얹은 소박한 모양의 묘비였다.

위 사진의 묘비를 보면서 곰곰이 고려 시대나 신라 시대의 묘비를 떠올려 보자. 요란한 용 무늬가 새겨진 묘비 아래에는 오만하게 머리를 내민 화강암 거북이 떡 버티고 있는 경우가 많았다. 그런데 위와 같은 조선 후기 묘비는 어디서나 볼 수 있는 기와 지붕을 만들어 얹고, 단순하기 짝이 없는 네모 받침을 깔았다.

조촐함과 소박함을 생명으로 하는 조선 유교 문화는 삶의 현장뿐 아니라 죽음의 장에서도 그 꽃을 피우고 있었던 것이다.

⊙ 절정에 이른 '기록의 나라' 조선

'조선 문화' 하면 빼놓을 수 없는 것이 기록 문화이다. 조선 왕조는 역사를 후대에 남겨서 평가받겠다는 역사 의식이 투철했다. 특히 성리학을 자기 것으로 소화한 조선 중기 이후 각종 기록은 양적으로도 폭발적으로 증가했을 뿐 아니라 기록 정신의 투철함에서 타의 추종을 허락하지 않는다. 『조선왕조실록』은 조선 시대의 처음부터 끝까지 정치·외교·군사·법률·통신·종교 등 인간사의 모든 부분을 종합하여 기록함으로써, 세계적으로 그 유례를 찾을 수 없을 만큼 방대하고 정확한 기록물로 평가받고 있다.

중국·일본·베트남 등에서도 실록이 편찬되었지만, 한 왕조가 『조선왕조실록』처럼 긴 시간에 걸쳐 풍부하고도 엄밀한 기록을 남긴 예는 없다. 『조선왕조실록』은 국왕에서 서민에 이르는 조선 사람들의 일상 생활이 자세하게 기록되어 있고, 실록 중 유일하게 활자로 인쇄되었으며, 보존과 관리에도 만전을 기했다는 특징을 가지고 있다.

실록뿐 아니라 『일성록(日省錄)』(오른쪽)과 『승정원일기(承政院日記)』 역시 방대하면서도 정밀한 기록 문화의 정수를 보여 준다. 『승정원일기』는 국왕 비서실에 해당하는 승정원에서 왕명 출납과 행정 사무 등을 기록한 일기로, 조선 전기부터 기록되었다. 전란으로 훼손되어 지금은 17세기 인조 때 이후 것만 남아 있는데도 3000책이 넘는 방대한 분량을 자랑하며, 『조선왕조실록』과 함께 유네스코 세계문화유산으로 지정되었다.

▲ **『일성록』** : 1752~1910년 국왕의 동정과 국정을 기록한 일기. 2327책. 국보 153호.

▲ **돈대(墩臺)** : 주로 해안 지역에 돌로 쌓은 소규모 방위 시설. 원형·타원형·사각형 등 다양한 모양 속에 무기를 보관하는 창고가 있었다. 17세기 이래 강화에는 진(鎭) 5개, 보(堡) 7개 등 군사 시설 12개를 두고 그 아래 53개 돈대를 두었다. 사진은 1679년(숙종 5년)에 화강암으로 쌓은 정사각형의 '택지돈대'로 길상면 선두리에 있다. 1993년에 장곶돈대와 함께 일부 복원되었다.

서쪽을 보라, 나라 지키던 강화유수 돌아온다

18세기 조선 ❹ 국방

남쪽, 북쪽, 동쪽 어디를 봐도 여유작작 흥청거리기만 하는 것이 이래도 될까 싶으면 살짝 곁눈질로 서쪽을 보라.
강화도 돈대에서는 불랑기포가 눈을 부라리고, 연무장에서는 기마병이 창검을 휘두르며 내닫는다.
겹겹이 쌓은 성곽이 도성을 지키는데, 먼 바다에서 다가오는 서양 군함을 그때야 그림자라도 눈치챌 수 있었으랴.

강화도를 떠나 청나라로? ● 1784년(정조 10년) 강화도. 정든 섬을 떠나는 강화유수 김노진을 따라 유서 깊은 '국방의 섬'을 돌아보자. 유수부를 떠나 바다를 향해 뻗어 있는 50여 돈대(위 사진)를 돌아보는 김노진의 손에는 자신이 만든 『강화부지』('강화도 백서')가 들려 있었다. 그는 곧 청나라 사신을 따르는 '반송사'로 연경에 다녀올 터였다.

'강화도'와 '청나라'— 이 두 단어는 극과 극이다. 1636년(인조 14년) 청나라가 쳐들어왔을 때 선왕의 신위를 들고 이곳에 들어와 저항하던 조선군은 물을 두려워하지 않는 청군의 공세에 추풍낙엽처럼 뒹굴었고, 길이 막혀 강화도 대신 남한산성으로 들어갔던 인조는 무릎을 꿇었다. 당시 강화 출신인 윤집은 끝까지 항전을 주장하다가 홍익한·오달제와 함께 청으로 끌려갔다.

그 후 150년. 조선은 태평성대를 지나고 있었고, 청나라로 가게 될 김노진에게 윤집의 비장함은 없었다. 그러나 강화도는 여전히 서쪽의 보루로 혹시 있을 외침에 굳건히 대비하고 있었다.

바다에는 고깃배, 돈대에는 대포 ● 부두에는 바다에서 잡은 밴댕이·새우·꼴뚜기 등 어물과 산에서 해 온 땔나무를 싣고 한강 마포로 팔러 갈 시선(柴船)들이 점점이 떠 있었다.

한편으로는 이 섬을 청결하게 유지하기 위해 영조 때 세운 금표(禁標)도 보인다. "가축을 놓아 기르는 자는 곤장 100대, 재를 함부로 버리는 자는 곤장 80대를 때린다."

이런 모습만 보면 평화로운 보통 섬이다. 그러나 곳곳의 돈대, 가시 돋친 탱자나무를 안팎으로 심어 놓은 성벽으로 눈을 돌리면 살벌한 군항의 면모가 여지없이 드러난다. 최고 행정 기관인 유수부만 해도 군사적 성격이 강하다. 본래 개성에만 있던 것을 병자호란 직전에 이곳에도 설치했다(아래 지도). 그렇게 위상이 높아진 강화도에서 유수의 지휘 아래 '진'과 '보'라는 사령부가 열두 군데 있었고, 이들이 각각 3~5개 정도의 돈대를 거느리고 방위에 임한다.

그들은 평소에는 시선의 상업 활동을 보호하고 뱃사람으로부터 세금 걷는 일을 돕지만, 일단 유사시에는 각 돈대에 배치한 조총과 '불랑기포'(아래 오른쪽 사진들)로 적을 향해 불을 뿜을 태세를 갖추고 있었다.

조총에 놀란 가슴 불랑기포로 다스리다

● 불랑기포는 전차에 탑재되는 신형 무기였다. 바다에서 다가오는 배를 향하여 한 방 먹이고는 신속히 이동하여 다시 산에서 쏟아져 내려오는 군대를 향해 발사할 수 있었다. 전차에 바퀴가 달렸기 때문이다. 그렇게 해서 적이 주춤하면 말을 탄 기병들이 창과 칼을 휘두르며 적진으로 달려가 혼을 쏙 뺀다. 조총으로 무장한 보병들은 최후의 보루로 돈대와 성을 지키다가 여차하면 적과의 백병전도 불사한다.

이처럼 전차와 기병과 보병이 함께 움직이는 삼위일체의 전법을 '삼병(三兵) 전법'이라고 한다. 이것은 조선이 임진왜란 때 활 위주로 일본군과 맞섰다가 조총에 호되게 당한 다음, 정신 바짝 차리고 개발한 새로운 개념의 전술이었다.

삼병 전법과 함께 새롭게 각광을 받은 것이 마상 무예(아래 가운데 사진). 말 위에서 각종 무기를 자유자재로 다루는 기병의 존재가 절대 필요했기 때문이다. 유수 김노진을 떠나 보낸 강화의 병사들은 더욱 마음을 다잡고 군사 훈련장인 연무당에서 새로운 여섯 가지 마상 무예를 연마하느라 구슬땀을 흘리고 있었다.

"이제는 하늘이 무너져도 한양은 지킨다"

● 강화유수 김노진 일행은 경기도 통진(지금의 화성)과 김포, 그리고 양천을 거치고 서대문을 지나 도성에 들어섰다. 영조 때 고쳐 쌓은 도성은 그 앞 숙종 때 쌓은 북한산성과 함께 예전과는 사뭇 다른 위용을 보이고 있었다.

예전에는 외적이 쳐들어오면 임금이 도성을 버리고 도망가기 일쑤였다. 강화도는 그러한 피난처로 낙점되어 언제나 왕이 옮겨 올 경우에 대비하곤 했다. 13세기 몽골의 침략 때 고려 정부가 그곳으로 옮겨가서 30년이나 버틴 사례도 있었다. 그러나 병자호란 때의 치욕을 기억하는 영조는 생각이 달랐다. 그는 전쟁이 나도 한양을 지키겠다는 의지를 분명히 했다. 그는 도성의 백성을 각 방어 구역별로 묶어 유사시에는 해당 구역에 올라가 성을 지키도록 했다.

한양을 지키기 위해서는 넓어진 한양의 외곽을 지키는 일도 똑같이 중요했다. 영조의 뒤를 이은 정조는 그래서 한양을 빙 둘러싸는 외곽 방위 체제를 구상하고 있었다. 유수부가 있는 개성과 강화, 새롭게 유수부를 설치할 경기도 광주와 수원이 그러한 방위 체제의 거점 도시로 한양을 사수하게 된 것이다.

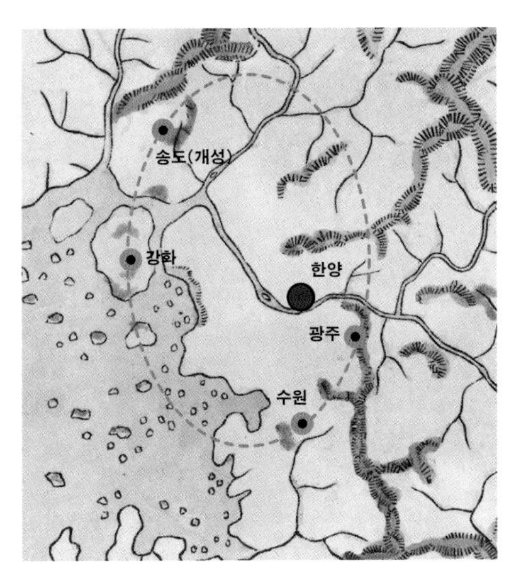

▲ **조선의 수도 방위 체제 :** 정조는 1793년(정조 17년) 왕권 강화를 목적으로 장용영을 창설하고 서울을 내영, 수원을 외영으로 하는 국왕 직속의 군사력을 강화하면서 수원(화성)에 유수부를 두었다.
1795년에는 남한산성을 담당하는 광주에도 유수부를 두었다. 수원과 광주의 유수는 정2품으로 종2품인 개성과 강화의 유수보다 지위가 높았다.
이것으로 볼 때 정조가 강화보다 수원을 더 중요시했다는 것을 알 수 있으며, 이런 운영 방식은 그 후에도 계승되었다.

▲ **조총 :** 총신이 길어서 발사 거리가 길고 명중률이 높다. 길이 135cm.
▶ **불랑기포 :** 16세기 명나라 광동성에 출현한 불랑기(포르투갈) 함선에 실렸던 화포. 모포(母砲)의 큰 구멍에 자포(子砲) 5~10개를 번갈아 삽입하여 돌아가면서 사격했다.

▲ **『무예도보통지』:** 선조 때 만들기 시작하여 정조 때 완성된 전통 무예를 망라한 훈련 교본. 무예 훈련 교본의 발간은 양란 이후 높아진 국방과 군사 훈련에 대한 관심에서 비롯되었다. 이 시기 조선에서 가장 중심이 되는 전투병은 책 속의 그림처럼 마상편곤을 든 기병이었다.

동서남북으로 뻗어 나가던 시선을 거두어들여 한양을 훑어볼 차례다. 맨 처음 눈길을 주었던 한강 포구에서 조금만 올라오면 숭례문이 우리를 반긴다. 그 안에 들어서자마자 가장 먼저 눈에 띄는 곳은 선혜청의 커다란 창고. 물품을 실은 행렬이 한강 포구에서 이곳까지 끊이지 않고 이어진다. 가로변에 즐비한 크고 작은 가게들이 흥청거리는 모습은, "남문 안 큰 모전(毛廛 : 과일가게)에 각색 실과(實果) 다 있고…… 상미전(上米廛 : 싸전) 좌우 가가(假家)에 십년 양식이 쌓였다"(「한양가」)는 노래로 미루어 짐작할 수 있다. 도성 안에는 기와집이 빽빽하게 들어서 있고, 길가 집들은 행랑을 개조해 길 쪽으로 좌판을 내고 각종 물건을 진열하여 행인을 손짓하고 있다. 한양에 온 것을 환영한다는 듯이.

선혜청 : 전국에서 거두어들인 대동미가 집결되는 곳이었으므로, 엄청난 규모의 창고 시설이 마련되어 있었다.

칠패 : 한강 포구에서 날라오는
어물과 소금 등을 팔던 난전.
이현과 쌍벽을 이루었다.

산줄기·물줄기 어우러진 명승

18세기 한양 안내도

▲ *창덕궁의 돌짐승*
조선 후기의 법궁(法宮)이던 창덕궁에 들어서면 금천이라는 맑은 개울이 흐르고 그곳에 금천교라는 다리가 있었다. 이 다리 난간 기둥의 돌짐승은 지나다니는 사람들을 관찰하고 감시한다기 보다는 같이 놀자고 보채는 듯하다.

한양은 조선 초 도읍지로 삼기 이전부터 뛰어난 지세 때문에 일찍부터 명당으로 주목을 받아 고려 때 이미 남경을 설치하기도 했다.
1394년(태조 3년) 도평의사사는 상소를 올려 "한양은 산과 하천이 표리를 이루어 그 형세의 우수함이 옛날부터 칭송되어 왔으며, 사방으로 도로의 거리가 균등하고 배와 수레가 잘 통하니, 이곳에 도읍을 정하여 후세에 영원토록 전하는 것은 참으로 하늘과 사람의 뜻에 합치되는 것입니다"라고 했다.
지세뿐 아니라 육·해상 교통의 중심지라는 점에도 주목하면서 한양을 도읍지로평가했던 것이다.

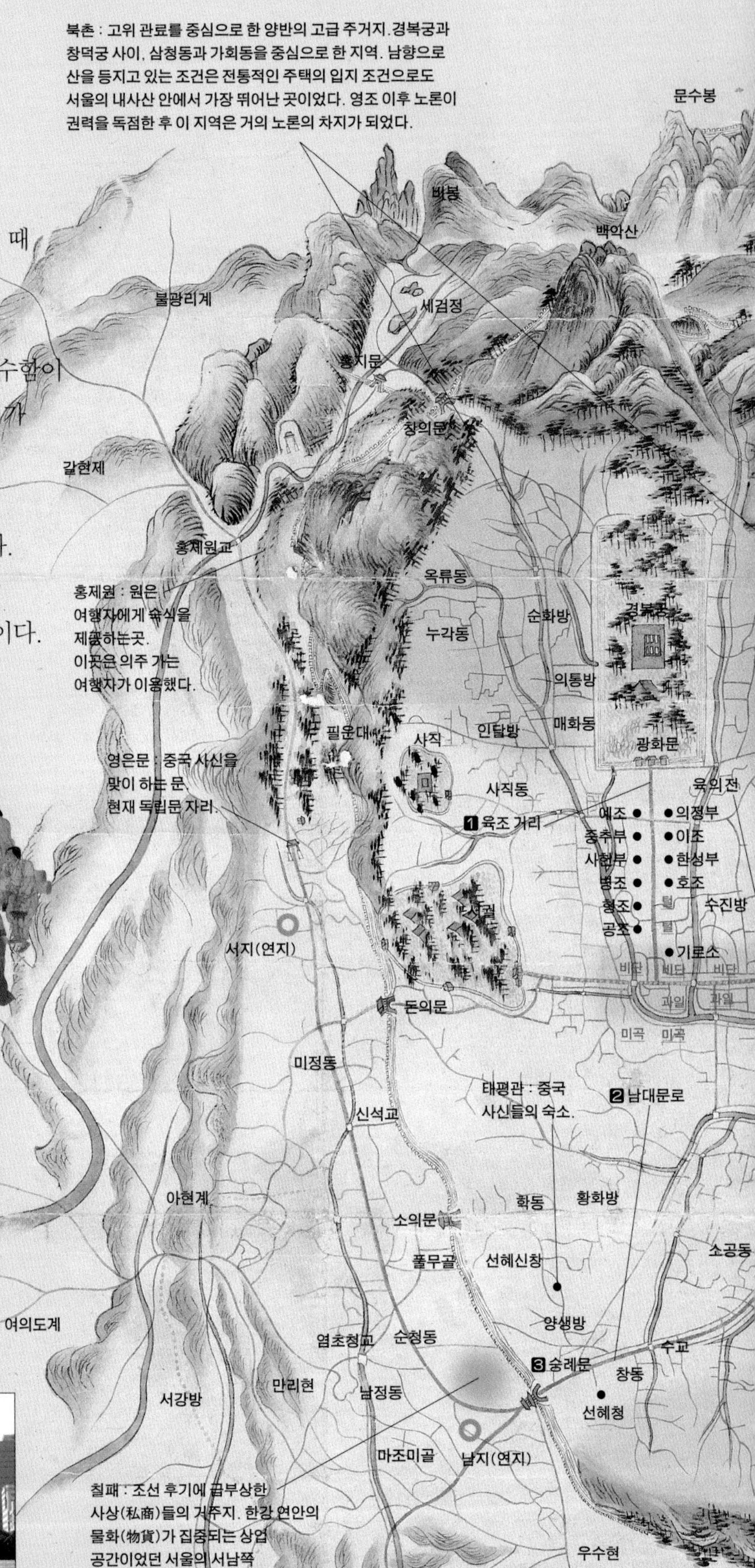

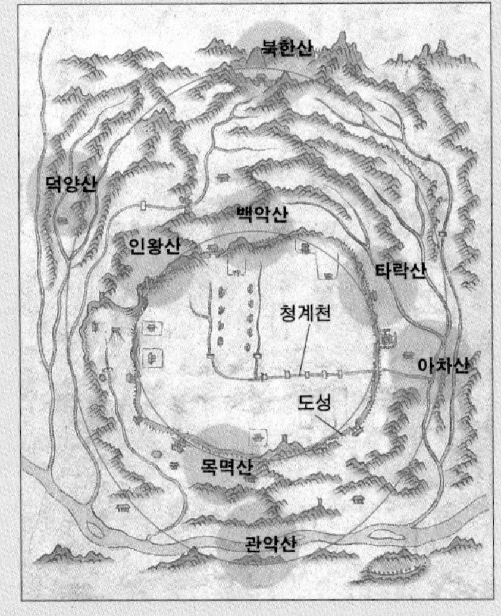

▲ ***한양의 산줄기·물줄기 :*** *'양(陽)'은 산의 남쪽과 강의 북쪽을 가리키므로 한양은 곧 한강의 북쪽 지역이다. 한양 주위에는 북한산에서 갈라져 나와 서울의 주산이 된 백악(白岳)과 동쪽의 타락산, 서쪽의 인왕산, 남산인 목멱산으로 구성된 내사산(內四山)이 있었고, 내사산에서 흘러내린 물줄기가 도성 안으로 모여들어 도성 안을 서에서 동으로 가로지르는 내수(內水)인 청계천을 이루었다. 내사산 바깥으로는 한북 정맥의 마지막 산인 북한산이 북쪽에서 한양을 받쳐 주고 동쪽으로 아차산, 서쪽으로 덕양산이 벌려 있으며, 남으로는 한남 정맥의 관악산이 지켜 주었다. 그 사이를 동에서 서로 흘러 서해 바다에 이르는 한강은 서울의 외수(外水)가 되었다.*

1 육조 거리 : 주요 관청들이 모여 있는 곳. 전기의 법궁인 경복궁 앞에 행정 관청들이 배치되었다.

2 남대문로 : 도성의 동서를 가로지르는 운종가(雲從街)와 종루에서 숭례문으로 뻗은 남대문로는 도성에서 전국으로 뻗어 나가는 통로였으며, 전국 각지에서 서울 도성의 중심부로 들어오는 주요 도로였다.

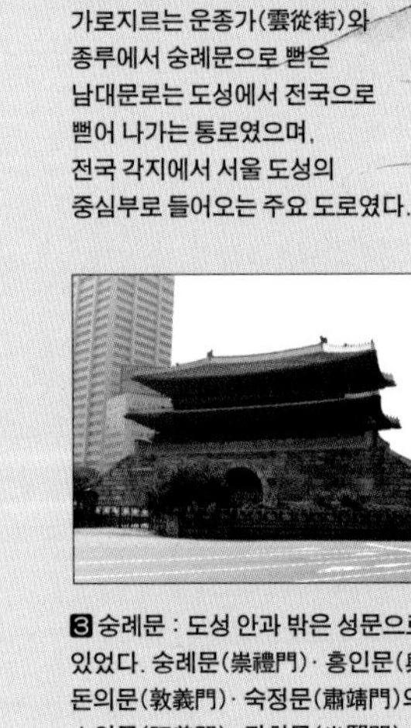

3 숭례문 : 도성 안과 밖은 성문으로 연결되어 있었다. 숭례문(崇禮門)·흥인문(興仁門)·돈의문(敦義門)·숙정문(肅靖門)의 사대문과 소의문(昭義門)·광희문(光熙門)·창의문(彰義門)·혜화문(惠化門)의 사소문은 도성의 안과 밖을 연결시켜 주는 주요 출입구였다.

동궐 : 조선 전기에는 경복궁이 최고 궁궐인 법궁(法宮), 창덕궁·창경궁의 동궐이 이궁(離宮)이었다. 조선 후기에는 불에 타서 없어진 경복궁 대신에 동궐이 법궁, 경희궁의 서궐이 이궁이 되었다.

이현 : 한양에서 가장 큰 채소시장. 왕십리쪽에서 재배된 채소들이 이곳에 집결된다.

남촌 : 남산골은 배산임수의 조건으로 본다면 북촌과는 정반대가 되어 주거 환경이 좋지 않았다. 이곳에는 세력을 잃고 가난한 양반들이 주로 살았는데, 그들을 '남산골 딸깍발이' 라고 불렀다. 이것은 선비들이 짚신이나 가죽신을 사서 신을 수가 없어서 비오는 날 신고 다니던 나막신을 맑은 날에도 '딸깍딸깍' 소리를 내며 신고 다녔다고 해서 생긴 말이다.

▲ **서울의 확장 :** *원래 한양은 도성 안의 5부를 가리키며, 넓게는 '성밖 10리(城底十里)'를 가리키기도 했다. 하지만 도성을 벗어나면 자연 훼손을 금했던 금표(禁標) 등이 있어 취락이 발달하지 않았다. 그러나 18세기 후반 서울은 도성 밖의 사교(四郊), 경강 주변의 연강(沿江) 지역까지 확대되고 표에서 보이듯 서울 인구가 급격하게 증가했다. 특히 도성 남쪽인 한강 연안 용산·마포·두모포·뚝섬 등이 주목을 받았다.*

재조립한 성벽 : 숙종 연간 도성을 고쳐 지을 때 공사 감독자들의 이름을 적은 돌. 여기저기 흩어져 있던 것을 1970년대에 지금 동대문 북쪽 성벽 끝에 모아 놓았다.

4 운종가 : 서울 사람들의 일상 생활 용품을 공급하던 시전의 행랑이 설치되어 있었다. 운종가는 사람들이 구름처럼 모인다고 하여 붙여진 이름으로, 상인들은 이곳에서 국가에 세금을 내고 주요 물품을 납품하는 대가로 행랑을 임대받아 상업 활동을 했다.(■ 색은 점포 종류)

중촌 : 중인 계층 가운데 가장 위상이 높았던 기술직 중인의 거주지는 청계천의 남북쪽 일대였다. 이곳에는 기술직 중인의 대표격이었던 의관과 역관들이 거주했다.

근교 농업

왕십리의 무, 살곶이다리의 순무, 석교의 가지·오이·수박 등이 유명했다. 연희궁에서는 고추·부추 등이, 청파에서는 미나리, 이태원에서는 토란이 재배되어 서울 주민들에게 판매되었다.

서울 주변뿐 아니라 급격히 도시화되었던 수원에서도 사정은 비슷하여 도시 근교에서 쌀·보리 등 주곡을 생산하는 것보다 미나리 등 채소를 생산하는 것이 5배 가량 높은 이익을 가져다 주었다.

◀ **청풍계 :** 겸재 정선이 64세 되던 해에 그린 것으로 최절정에 이른 솜씨를 보여 준다. 인왕산 자락 특유의 잘생긴 흰색 암벽들을 거꾸로 검은 바위로 표현하여 사실감을 드러내었고, 바위가 가지는 덩어리의 느낌을 잘 표현하였다.

대문으로 들어서면 우람한 전나무가 자리잡고 있고, 안으로는 오른쪽에 누각 형태의 청풍지각(淸風池閣)이 있으며, 그 왼쪽 위로는 정자인 태고정(太古亭)과 제일 안쪽의 사당인 늠연사(凜然祠) 등이 있었다. 소나무와 연못, 화강암의 바위가 어우러진 이곳은 한양에서도 가장 경관이 뛰어나다고 일컬어질 정도로 자연과 일체가 된 집이었다.

청풍계 주변은 서인 계열 인물들이 모여 살면서 학통을 계승·발전시켰던 곳으로 그 가운데에서도 청풍계가 중심 역할을 했다.

1739년. 비단에 채색. 153.6×59.0cm. 간송미술관 소장.

북촌 사람들 – 서울 명문가 따로 모여 독야청청

18세기 한양 ❷ 양반

고개를 좀 더 들어 북쪽을 보면 맑은 계곡 우레처럼 돌아내리는 와룡망 언덕 아래 또아리 튼 청풍계가 보이고 그 동쪽에는 백악과 인왕에서 흘러내리는 물을 따라 꼬불꼬불 북촌 길 이어진다. 온갖 인간 군상 백출(百出)하고 양반도 서울 양반, 시골 양반 갈라지는 세상이지만 이곳만은 파초처럼 의연하다.

청계천이 시작되는 집 ● 1739년(영조15년) 여름 청풍계(淸風溪) — '맑은 바람 솔솔 불어오는 계곡'이라는 뜻이다(왼쪽 그림). 북쪽에 백악산(지금의 북악산)이 웅장하게 솟아 있고 서쪽으로 인왕산이 둘러쌌으며, 서리서리 꿈틀거리며 내려온 와룡강(臥龍岡) 언덕 아래로 맑은 계곡물이 우레처럼 돌아내리고 세 연못이 거울처럼 열려 있다. 이 맑은 물이 실개천을 이루며 삼청동 길로, 인사동 길로 흘러내려가 청계천에 이르렀던 것이다.

지금의 종로구 청운동 52번지에 자리잡았던 이 아름다운 계곡은 그냥 계곡이 아니라 당대의 명문가인 안동 김씨가 대대로 살던 집이었다. 그림 왼쪽 위 '태고정'이라는 정자나 버드나무, 소나무, 전나무, 느티나무 등 나이 든 거목들이 이 집의 위세와 연륜을 말해 주고 있다.

18세기를 주름잡은 세력은 서인의 분파인 노론이었다. 그들은 이곳 인왕산 기슭과 '북촌'이라고 불린 양반 동네에서 살고 있었는데, 이들 양반 이야기를 청풍계에서 시작하는 까닭은 청계천 주변에서 불어오던 온갖 변화의 바람 속에서도 독야청청하던 노론의 정서를 이보다 더 잘 보여 주는 곳은 없기 때문이다.

청풍계도 그 주인도 맑고 꼿꼿했건만 ● 이 그림을 그린 정선은 어려서부터 청풍계 옆의 외갓집에서 살면서 이 집을 제집처럼 드나들었다. 그가 도화서에 취직한 것도 이 집 주인인 안동 김씨 김창집의 도움 덕분이었다. 정선의 진경산수는 뼈대 있고 힘있는 노론 가문의 후원이 아니었다면 태어날 수 없었을지도 모른다.

서인의 태두는 대학자 율곡 이이였는데, 그를 포함하여 정철·성혼 등 서인의 거목들이 모두 이 일대를 가리키는 행정 구역인 순화방(順化坊)에서 살았다. 그러다가 김창집의 선조인 김상용이 청풍계에 집을 지은 것은 17세기 인조 때. 당시 우의정이던 그는 병자호란이 일어나자 이 집을 떠나 강화도에서 결사 항전을 하다가 화약에 불을 붙이고 그 위에 올라가 장렬하게 전사했다. 그때 열세 살 난 그의 손자가 곁에서 떨어지지 않고 함께 순절한 사건은 이 집안의 절개와 자존심을 말해 주는 상징으로 남았다.

그 이후 청풍계의 안동 김씨는 청나라를 배척하고 조선이 곧 중화라는 '조선중화론'을 내세우며 주체적 문화를 창조하는 데 앞장섰다. 그랬던 청풍계의 주인들이 19세기에는 권력을 독점하면서 세도 정치를 펼쳐 망국의 주역이 되었으니 안타까운 일이 아닐 수 없다.

호사 취미의 조건 ● 집안으로 들어가 그 독야청청했던 18세기 노론 양반의 사는 모습을 들여다보자. 1741년(영조16년) 초여름 보리누름에 한 양반이 사랑채에 앉아 문방사우를 벌여 놓고 붓을 들어 무언가를 쓰고 있는 모습이 보인다(아래 그림). 그 앞에서 심부름을 온 하인이 버들가지에 꿴 웅어를 전해 주고 있다. 이 웅어는 지난해 양천 현감으로 부임한 정선이 행호(幸湖), 즉 행주 앞 강에서 잡은 놈을 친구에게 선물로 보낸 것이었다.

정선의 친구이니 노론이 분명한, 탕건과 중치막 차림의 이 양반을 시인 이병연이라고 치자(35쪽 참조). 초여름의 싱싱한 물이 올라 무서운 기세로 번어 올라간 파초를 비롯해 갖은 활엽수와 침엽수가 마당을 가득 메운 정경이 과연 명문가의 호화 저택답다. 또 두꺼운 장판지에 노랗게 콩기름을 먹인 반듯한 온돌방과 그 한켠 서가에 가득 쌓인 책들은 과연 문화를 아는 진경 시인의 서재다운 아취를 뿜는다.

이런 호사 취미는 지배자였기에 누릴 수 있는 특권이었지만, 정선과 그 친구들은 적어도 그런 호사에 값하는 문화적 수준을 갖추고 있었다.

◀ **「척재제시」**: 그림 제목은 '척재가 시를 짓다'라는 뜻인데, 18세기에 척재라는 호를 가졌던 양반으로는 김보택(1672~1716)이 유력하다. 다만 그는 이 그림이 그려진 1741년에는 이미 고인이 된 지 오래였다. 그림과 같은 운치 있는 저택에서 풍류를 즐기는 풍조는 점점 경제력이 풍부한 중인에게까지 파급되어 호화 저택이나 가구 등을 향유하는 것이 유행이 되었다. 당시 북쪽의 중국으로 사신을 갔다 오면서 들여온 수입품들은 이들의 호사로운 취미를 자극하는 물품이 되기도 했다. 비단에 채색. 28.2×33.1cm.

왕, 민(民)을 만나다

정조가 어머니인 혜경궁 홍씨를 모시고 화성(華城)에 가서 어머니의 회갑연을 치른 뒤, 돌아오는 도중에 경기도 시흥의 행궁(行宮)에 도착하는 장면.

가운데 푸른 휘장으로 가려진 혜경궁 홍씨의 가마가 보인다. 행렬을 잠시 멈추고 정조가 어머니에게 몸소 미음과 다반을 올리는 장면으로, 행렬의 바깥쪽에 수라를 실은 수레와 음식을 준비하는 천막이 보인다.

왕의 행차를 구경하러 나온 백성의 자유로운 모습에서 정조가 추구했던 '일군만민'의 왕민 체제를 떠올리게 된다. 정조는 시흥 현령 홍경후에게 백성들을 데리고 오게 해서 그들의 고충을 들은 다음, 빚을 탕감하고 호역(戶役)을 줄이도록 하여 백성의 노고를 위로했다. 그리고 더 많은 백성의 목소리를 듣기 위해 자신의 행차를 봄·가을 농한기 때 하라고 지시했다.

※ 80쪽 '가상체험실'을 참조하세요.

▲「시흥환어행렬도」
비단에 채색, 전체 크기 142×62cm. 호암미술관 소장.

생활의 발견

조선 후기 풍속화

삶의 흔적을 그림 속에 남기려는 본능. 풍속화는 여기서 출발한다. 선사 시대부터 생활 모습을 담은 수많은 그림이 있었는데, 고구려 고분벽화, 조선의 경직도·감로도·삼강행실도, 그리고 조선 후기 풍속화가 우리 기억 속에 생생하게 살아 있다. 이 가운데서도 조선 후기 풍속화는 조선 사람의 생활 현장을 마치 고성능 카메라로 찍은 듯 생동감 있게 잡아 낸다.

조선 후기에는 진경산수화·풍속화 등 우리 현실에 뿌리박은 사실적인 그림들이 유행했다. 그 가운데 풍속화는 동시대 사람들의 희로애락을 세심하게 그려내 사실주의 회화의 한 절정을 이루었다.

▲「**사인삼경도**」: 18세기 중엽 당시 화단을 주름잡던 쟁쟁한 화가들의 교제 관계를 보여 주는 흥미로운 풍속화이다. 두 자루의 붓으로 양필법을 구사하면서 큰 족자 그림을 그리는 이가 정선, 맨 위쪽에서 갓을 쓰며 구경하는 이가 강세황이라고 한다. 웃옷을 벗고 화첩 그림을 그리는 사람의 모습에서 개방적이고 솔직한 현장 묘사의 정신이 보인다. 강희언, 『사인삼경도첩(士人三景圖帖)』 중 「그림 그리기」. 18세기 중엽. 종이에 수묵 담채. 26.0x21.0cm. 개인 소장.

● **김홍도의 8폭 풍속도 (64~73쪽)**
사당유희도 - 사당패 놀음에 어깨 들썩
후원유연도 - 귀인 시름 깊어만 가네
기방풍정도 - 기방 난투 끝에 손님 물갈이
설중난로도 - 눈 내린 달밤에 한 잔

● **그림으로 보는 18세기 인간 극장 (74~77쪽)**
제 1막 · 놀이 - 각색 놀이 펼쳐지니 흥이 절로
제 2막 · 사랑 - 그대, 어디메쯤 오고 있나
제 3막 · 일 1 - 땀 흘려 일하다 담배 한 대
제 4막 · 일 2 - 장시 열렸다, 장터 가자

조선 후기 풍속화는 윤두서·조영석 등 양반이 그리다가 18세기 후반부터 김홍도·신윤복·김득신 등 중인 출신의 화원도 그리게 되었다. 화원이 그린 풍속화는 마치 신문의 사회면처럼 당시의 사회 문제였던 신분 관계, 기생 중심의 남녀간 애정 행각, 불교계의 타락상, 음주 문제 등을 집중적으로 다루었다.

흥미로운 점은 조선 후기 풍속화가들이 이러한 문제를 단순 전달하는 데서 그치지 않고, 우리 조상 특유의 '웃음 섞인 풍자와 해학'으로 풀어냈다는 사실이다. 아무리 후미진 곳이라도, 또 아무리 힘든 삶이라도, 풍속화 속 인물에게서 어두운 그늘을 찾아보기 힘들다. 삶을 긍정하고 낙관적으로 보는 태도, 그것이 풍속화에서 빛나고 있는 것이다. 누가 말했던가. 신라 토우에서 우리네 삶을 우리 식으로 담았던 토종 미술이 천년의 세월이 흐른 뒤 김홍도와 신윤복에서 다시 살아난다고.

단원 김홍도의 풍속도 병풍

1901년 프랑스 인 루이 마랭이 서울에 잠깐 머물렀을 때 구입한 8폭짜리 풍속화 병풍. 그의 사후인 1962년 파리 기메 박물관에 기증되었다. 제 8폭 하단에 해서체의 '金弘道(김홍도)'라는 글씨와 '金弘道印(김홍도인)'이 있고 다른 김홍도 작품과 선의 느낌이 비슷해서 김홍도의 작품으로 짐작된다.

❶ ***겨울 나들이 나선 풍류 남아(道中遇妓圖)***
겨울 아침, 성벽 아래에 나타난 사나이 모습에 모두들 눈이 휘둥그레! 두툼한 솜옷에 털로 만든 방한구까지, 겨울 나들이에 옷 치레 한번 요란하구나!

❷ ***뻔뻔스런 양반님네(路上風情圖)***
외길에서 딱 맞닥뜨렸네. 아기 안은 저 부인 급히 장옷 여미는데, 고약한 양반 좀 보게. 어쩐 일로 고개를 반짝 쳐들고 남의 아낙을 똑바로 보나?

❸ ***면화 따는 아낙네들(拾綿村娥圖)***
따사로운 가을볕에 면화 따는 촌 아낙네를, 지나가는 저 선비 부채 위로 엿보는구나. 그 선비, 비쩍 마른 암말에 해진 안장 꼴, 무슨 흥취 남아 촌 아낙을 엿보나?

❹ ***취중 판결이 제대로 될까(醉中判決圖)***
지엄하신 사또 행차에 누가 감히 길을 막지? 백성 둘이 엎드려 티격태격 송사하네. 저 아전 꼴 좀 보게! 술 취해 벌건 얼굴 갓조차 삐딱하니!

8폭 풍속화 병풍의 부분 (왼쪽 윗그림부터 시계 방향으로 2폭, 5폭, 8폭, 3폭). 비단에 채색, 80.4×44.2cm, 18세기. 조선 시대. 파리 기메 국립동양미술박물관 소장.

사당패 놀음에 어깨 들썩 마음도 들썩 寺黨遊戲圖

개천가에서 사당패 놀음이 한창이다. 둥둥 북, 소고 장단에 너나없이 흥겹기는 마찬가지! 이때를 놓칠세라 눈치 빠른 여사당이 부채 내어 엽전 챙기니 그 양반 하릴없이 주머니 뒤적이네. 서쾌 낀 서방 학동이며, 아기 업은 할머니, 한량과 나장이야 빠질 리 없지. 갈 길 바쁜 여종을 훔쳐보는 이까지. 구경도 가지가지 구경꾼도 각양각색.

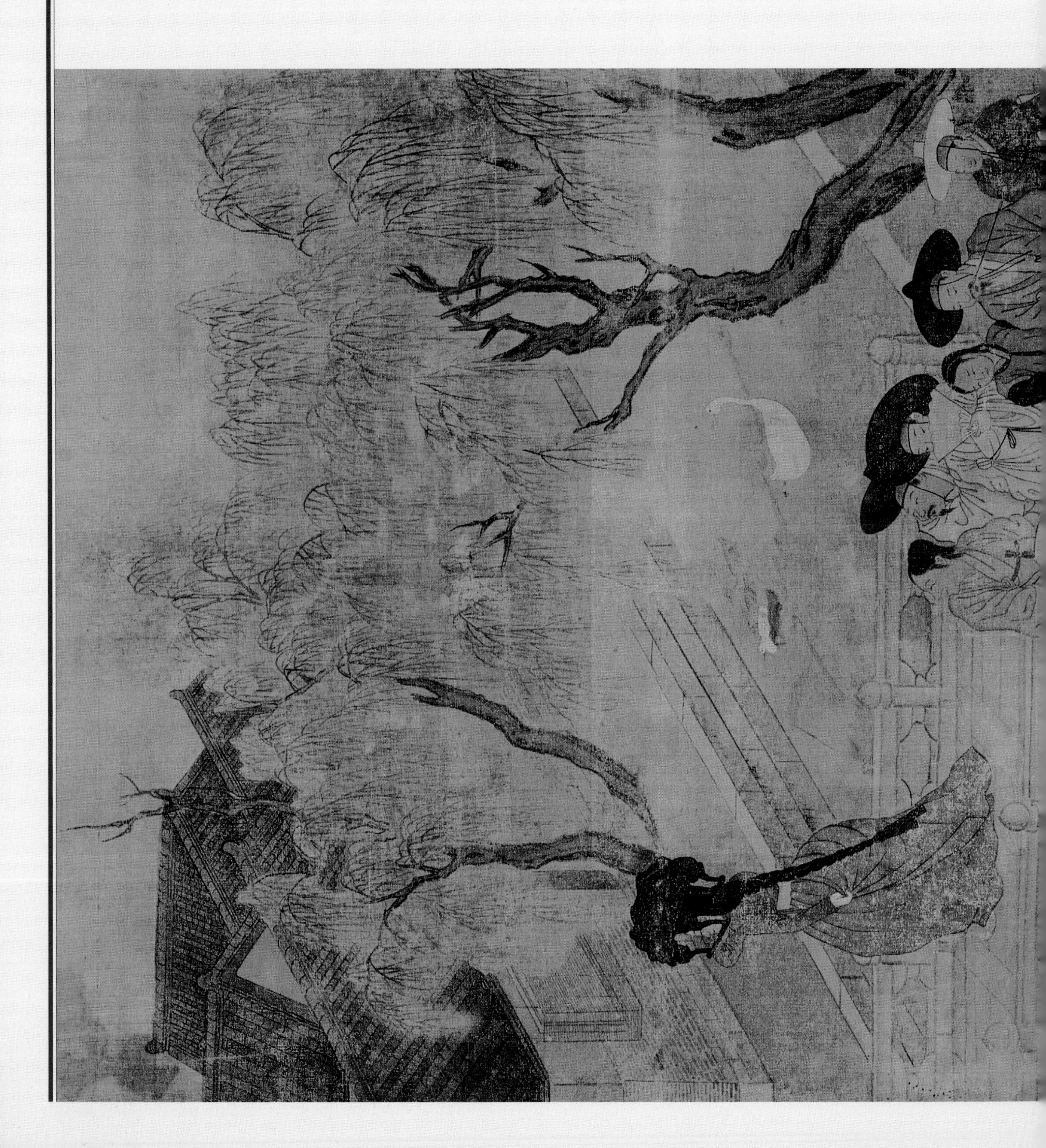

❶ **여종** : 한 손으로는 공고상(공무를 보는 이에게 내놓는 음식상)을 들랴, 다른 손으로는 치마 매무새를 가다듬으랴, 바쁘다 바빠.

❷ **훔쳐보는 무리** : 사당패 놀음 보랴, 여종 훔쳐보랴 정신없네.

❸ **소고 치는 이** : 벅구잽이라고 불리는 남사당, 덩실덩실 춤사위도 흥겹네.

❹ **부적** : 절을 짓기 위한 명목으로 부적을 팔고 있네.

❺ **여사당 1** : 전모를 쓴 채, 부채를 내어 구경 값을 걷는 여사당.

❻ **여사당 2** : 가긴 어딜 가, 나장의 소매를 부여잡는 여사당.

❼ **구경꾼 1** : 깔때기를 쓰고 까치등거리라는 호의에 전대를 띤 의금부 나장.

❽ **구경꾼 2** : 활 쏘러 다니는 한량들.

8폭 풍속화 병풍의 부분 (6폭, 사당유희도). 비단에 채색. 80.4×44.2cm. 18세기. 조선 시대. 파리 기메 국립동양미술박물관 소장.

● **사당패** : 사당패는 정처 없이 떠돌아다니며 곡예와 가무를 연희하는 유랑 놀이 집단이었다. 위 그림처럼 소고나 징·날라리 등을 연주하고, 춤과 소리를 하며, 대접돌리기·땅재주·탈 놀음·꼭두각시 놀음 등을 연희하기도 했다. 여사당은 동네를 돌아다니며 매춘을 일삼아, 19세기에는 여사당이 금지되고 남사당패만 남게 되었다.

● **길거리 공연** : 조선 후기에는 사당패 같은 길거리 공연이 곳곳에서 벌어졌다. 한 문인은 "겹겹이 산대(가설 무대)를 꾸며 신선을 새기고/한데다 자리 깔고 젊은 미녀를 맞이하네" (강이천, 『한경사』)라고 그들의 모습을 묘사했다. 산대놀이와 판소리가 가장 인기 있는 공연이었고 씨름·뇌고·굿도 훌륭한 구경거리. 소설 읽어 주는 강독사나 길거리 가수도 새로운 길거리 연예인이었다.

풍악이 울려도 귀인 시름 깊어만 가네 後園遊宴圖

호사스러운 귀인의 후원인가. 연못가에 자리 펴니, 학과 원앙 한가로이 놀고, 아리따운 기생에 거문고, 젓대 풍악 소리 드높아. 인생 일장춘몽이라 한들 아니 즐기지 못하리라. 그런데 어찌 된 일인가. 풍악 소리 한층 높아져도 귀인 시름 더욱 깊어지는 것을. 저 뒤 문기둥에 숨어 훔쳐보는 아이야 그 심정을 어이 알랴.

❶ **저택** : 오동나무·대나무·기암괴석 갖춘 연못에, 학과 원앙이 마당에서 노니니 고관대작의 별서 정원이렷다.
❷ **고관대작** : 보료 위, 팔걸이인 안침(安枕)에 턱 괴고 기대어 편안한 자세로 감상하고 있으나 웬일인지 수심 가득.
❸ **기생** : 부채로 딱딱 박자 맞추세.
❹ **악공** : 젓대(대금) 불고 거문고 타네.
❺ **취병(翠屛)** : 꽃나무의 가지를 틀어서 문이나 병풍처럼 만든 물건.
❻ **하인과 기생** : 취병 밖에서 서로 수작을 붙이고 있는가.
❼ **여종들** : 개다리소반을 높이 들고 발걸음을 재게 놀려 후원으로 향하네.

8폭 풍속화 병풍의 부분 (4폭, 후원유연도). 비단에 채색. 80.4×44.2cm. 18세기. 조선 시대. 파리 기메 국립동양미술박물관 소장.

● **조선 후기 양반의 유흥상** : 양반이 허구헌 날 '공자 왈 맹자 왈' 만 되뇌었다고? 천만에! 양반님네라고 어찌 놀지 않을쏘냐. 양반은 직접 기방(妓房)에 가지 않고 기생과 악공을 집으로 불러들였다. 그런데 그 비용이 만만치 않아 지체 높은 양반이나 종친이 아니면 이를 감당하기 어려웠다. 그러니 기악(妓樂)의 최대 소비자는 양반일 수밖에.

● **경화사족의 고대광실 저택** : 조선 후기에는 위 그림 같은 호화 저택이 서울 곳곳에 즐비했다. 경화사족들 사이에서 호화 저택을 갖추는 것은 기본이고, 서울 시내나 근교의 풍광 좋은 곳에 별장을 경영하는 것이 유행했다. 경화사족은 커다란 저택에다 수만 권의 서적을 소장한 장서처와 골동품·그림·서예 작품의 소장처를 두어 그들만의 독특한 고급 문화를 즐겼다. ☒ **'특강실'을 참조하세요.**

기방 난투 끝에 손님 물갈이

妓房風情圖

조각달 낮게 뜬 봄 밤, 온갖 오입쟁이 기방에 다 모였것다. 한량이며, 애송이며, 딱선 쥔 갓쟁이는 먼저 와서 담뱃대 받고, 초립 행색은 갓신 팽개치고 소매까지 걷어붙였다. 이제야 기방 난투가 끝났나 보지. 이긴 자들은 여유만만, 진 자들은 분기탱천! 죄 없는 기방 대문짝만 성할 날 없네. 이제야 천하 태평춘?!

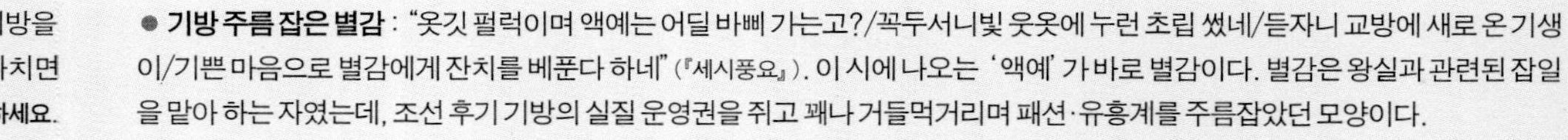

❶ **남자 1** : 오른손에 딱선(질부채) 들고
기생이 건네는 담뱃대를 받으려 손을 내미네.
❷ **남자 2** : 중치막 입고 기둥에 서 있는
모양, 꼬인 다리 꼴 묘하지.
❸ **남자 3** : 한바탕 힘을 쓴 모양, 백립 갓끈
이마에 늘어뜨리고 팔조차 걷어붙였네.
❹ **남자 4** : 장죽 끝에 제등(손잡이가
달려 있어 들고 다닐 수 있는 등) 단 애송이.
❺ **문패 '천하태평춘(天下太平春)'** : 바람 잘 날
없는 기방의 평화를 바라는 마음을 담았을까.
❻ **포교와 기생** : 동달이 위에 소매 없는
전복을 입은 옷차림새로 보아 포교가
확실한데, 기생이 아양 떠는 까닭이 뭔지?
❼ **사내들** : 기방 난투극의 패자인가.
왼손에 저고리를 걸치고 사방등을 든 사람은
아쉬운 듯, 분이 안 풀린 듯한데,
다른 일행이 멱살 잡고 억지로 끌고 가네.

8폭 풍속화 병풍의 부분 (7폭, 기방풍정도).
비단에 채색. 80.4×44.2cm. 18세기. 조선 시대.
파리 기메 국립동양미술박물관 소장.

● **싸움 붙이는 기방 풍속** : 기방에서는 날마다 주먹질이 끊이지 않았다. 기방 출입 풍속이 워낙 까다로운데다 기방을 드나드는 이들 중에 무뢰배들이 많았기 때문. 먼저 온 손님들과 나중 온 손님들 사이에 기 싸움이라도 벌어질라치면 위 그림처럼 힘깨나 쓰고 권세 있는 손님에게 먼저 온 손님들이 자리를 내어 줄 수밖에 없었다. ☒ **'특강실' 을 참조하세요.**

● **기방 주름 잡은 별감** : "옷깃 펄럭이며 액예는 어딜 바삐 가는고?/꼭두서니빛 웃옷에 누런 초립 썼네/듣자니 교방에 새로 온 기생이/기쁜 마음으로 별감에게 잔치를 베푼다 하네"(『세시풍요』). 이 시에 나오는 '액예'가 바로 별감이다. 별감은 왕실과 관련된 잡일을 맡아 하는 자였는데, 조선 후기 기방의 실질 운영권을 쥐고 꽤나 거들먹거리며 패션·유흥계를 주름잡았던 모양이다.

눈 내린 달밤, 숯불구이에 술 한 잔 어떠하리

雪中煖爐圖

눈 내린 겨울 밤, 짙푸른 낙락장송 백설을 잔뜩 이었는데, 춥고 긴 겨울 밤, 멍석 깔고 화로 내어 지글지글 숯불구이 쇠고기에 독한 소주 한 잔 곁들이세. 탕건 쓴 양반 오른손에 술병 쥐고 있으니 오늘 술은 이 손안에 있소이다. 어허, 늦게 온 저 양반! 뭐가 그리 급해 신발도 벗지 않고 멍석 위에 오르시는가?

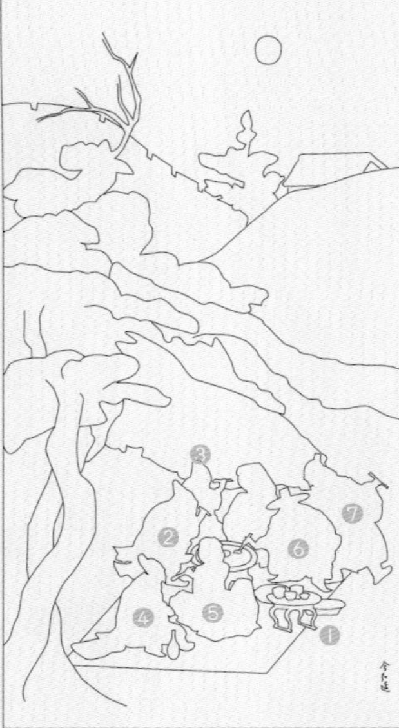

① **음식** : 화로 위 번철(부침개를 지지는 둥글넓적한 철판)에 쇠고기를 굽고 있고, 그 아래로 경단·강정과 각종 나물이 담긴 큰 접시, 개다리소반 위의 밥그릇과 종지, 유기로 만든 큰 탕기와 국자가 있네.
② **남자 1** : 털방석을 바닥에 깔고 무명 두루마기에 남바위 차림. 나이가 가장 들어 보이지.
③ **남자 2** : 나이도 젊고 벼슬하지 못한 선비인 듯, 검은 두건만 쓰고 있네.
④ **남자 3** : 탕건에 갈색 쾌자만 두루마기 위에 걸쳤네.
⑤ **여인 1, 2** : 저고리 길이가 짧은 것으로 보아 기생인 듯.
⑥ **남자 4** : 무명 삼산건 위에 갓을 얹어 쓰고 쪼그리고 앉아 고기 익기를 기다리니 일행 중 가장 젊은이인 듯.
⑦ **남자 5** : 가장 늦게 와서 가죽신도 벗지 않은 채 돗자리 위로 발을 옮기네.

8폭 풍속화 병풍의 부분 (1폭, 설중난로도). 비단에 채색. 80.4×44.2cm. 18세기. 조선 시대. 파리 기메 국립동양미술박물관 소장.

● **난로회(煖爐會) 풍경** : 난로회는 음력 10월에 추위를 쫓기 위해 쇠고기를 먹는 풍속. 언제 시작되었는지는 모르나 18세기에 유행했다. "한양에서 화로에 숯불을 훨훨 피워 번철을 올려놓은 다음 쇠고기를 기름·간장·달걀·파·마늘·고춧가루에 조리하여 구우면서 화롯가에 둘러앉아 먹는다"(『동국세시기』)고 전한다.

● **술 맛보다 안주 맛!** : 18세기 후반 한양의 선술집에서는 수십 가지 안주를 내놓아 술보다 안주를 찾는 사람들이 몰려들었다고 한다. "주등 높이 걸고 판자문 열려 있는데 / 술청은 주발이랑 접시 술잔 낭자하네/ 밤중에 서늘한 지붕 아래서 돝고기 구우니/ 길손들 기름진 냄새 따라 많이도 찾아드네"(『세시풍요』). 이 시에서 '돝(돼지)고기' 라고 했으니 삼겹살이라도 구웠나 보다.

조 선 생 활 관 2

전시 PART 2

이곳에서는 조선 후기의 생활 문화와 관련된 여러 가지 주제를 다양한 장치와 깊이 있는 해설을 통해 새롭게 이해할 수 있습니다. '가상체험실' 에서는 전통 성곽 건축의 완성판' 으로 불리는 화성의 구상과 설계·건축 과정, 정조의 화성 행차, 완공 축하 잔치 등을 따라가면서 전통 성곽의 특징을 파악하고 화성의 역사적·문화적 의의를 새롭게 발견합니다.

'특강실' 에는 사설시조·판소리·소설·한시 등 조선 후기에 나온 다양한 갈래의 문학 작품을 통해서 당시의 다채로운 삶을 재발견하는 특별한 고전 강독이 마련되어 있습니다.

'국제실' 은 동서양을 막론하고 전통 시대를 실질적으로 대표한 존재. 왕이라고도 불렸고 황제라고도 불렸으며, 어떤 곳에서는 종교 지도자이기도 했던 각 문화권의 군주들을 서로 비교하고 각각의 특징을 짚어 보았습니다.

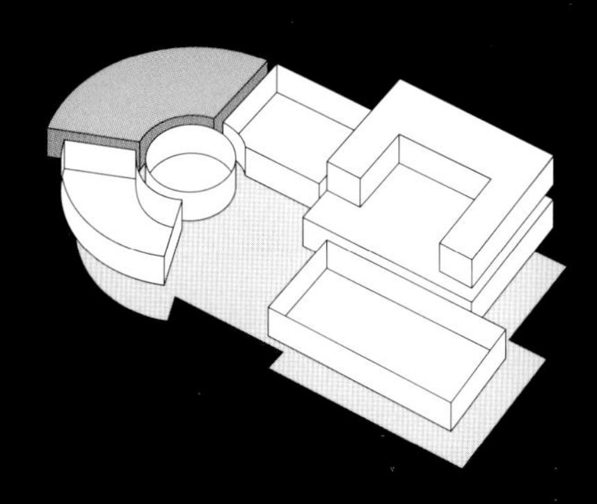

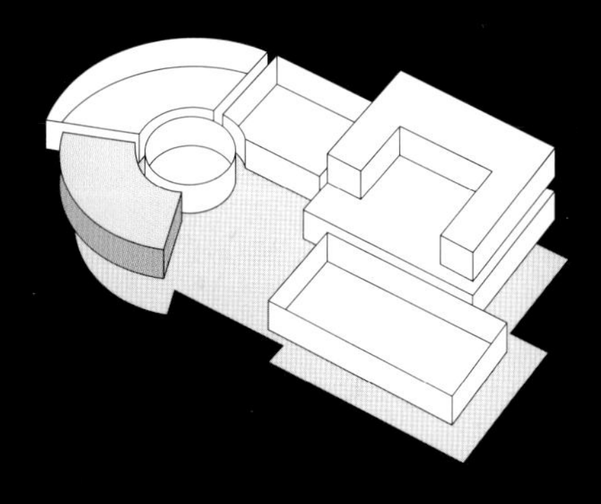

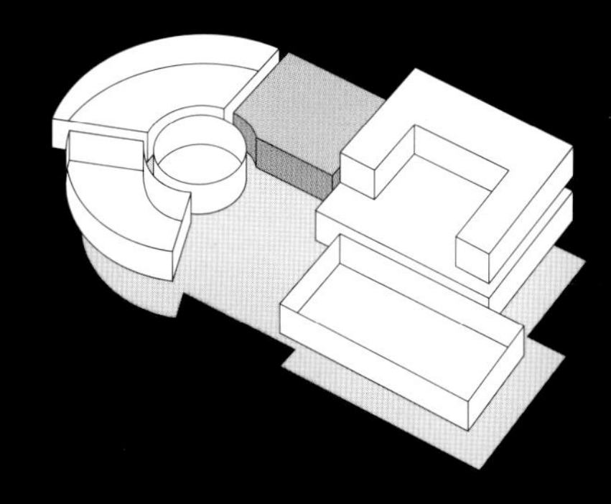

SIMULATION ROOM

예로부터 우리 나라는 '성곽의 나라'였다. 전국의 산과 들에는 수많은 성곽이 세워졌다 사라졌으며, 지금까지도 많은 수의 성곽이 남아 있다. 화성은 정조 때 건설된 성곽 도시이자 신도시. '전통 성곽 건축의 완성판'이라고 할 만큼 다종다양하고 아름다운 건물들로 이루어졌고 기능이 탁월하다. 조선 문화가 절정기에 이른 18세기, 조선의 사회·문화 역량을 총동원한 성곽 건축의 백미이자 '조선판 신도시 건설의 성공 사례'인 화성으로 떠나 보자.

화성(華城)-전통 시대 성곽 건축의 꽃

성곽(城廓)은 '군사적인 목적으로 쌓은 방어 시설'로 안쪽의 '성'과 바깥의 '곽'을 합친 것이다. 화성은 고려 이래 널리 퍼진 우리 나라 성곽의 특징, 즉 평화시의 읍성(평지에 고을 주민의 보호와 행정적 기능을 목적으로 쌓은 성)과 전쟁시의 산성(산지에 군사적인 목적으로 쌓은 성)의 이원 구조를 시대의 변화에 발맞춰 외관과 기능적인 측면에서 두루 합쳤다. 200여 년 전 화성의 건설 현장으로 발길을 돌려 보자. 숫자 ①~⑪는 85쪽을 참조하세요.

화성 설계사 정약용 : 한강의 배다리 건설 계획에 참여해 본 것이 경력의 전부인 신참내기 홍문관 관리.

⑪ 동북공심돈

1 "삼가 팔달산 신령께 고하니……." 1794년 1월 25일 수원 팔달산 아래. 겨울 추위가 물러나고 입춘이 다가올 무렵, 팔달산 신령께 성터 닦는 공사를 알리는 제사를 올린다. 2년 8개월 걸릴 화성 공사를 이제 막 시작한 것. '화성 성역소'라는 임시 사무소를 설치하고 최고 책임자에 우의정 채제공, 실제 공사 책임자로 화성유수 조심태를 임명한다. 여기에 화성 건설의 또 다른 주역인 다산 정약용을 빼놓을 수 없다. 신도시 화성에 걸맞은 새로운 성곽 모델을 원했던 정조는 정약용을 불러 화성 건설 계획안을 내라고 명령했다(1792년).

2 1795(을묘)년 윤2월 9일. 화성으로 거둥하는 정조와 혜경궁 홍씨의 어가 행렬. 수백 개의 깃발과 북소리, 징소리가 어우러져 천지가 요동을 친다. 채제공을 비롯한 수행 인원 6천여 명에 행렬의 길이만 장장 1km. 어가 행렬이 노량 배다리에 다다르자 구경꾼이 몰려든다. 8일간의 을묘 원행. 화성 행궁에서 어머니 혜경궁 홍씨의 환갑 잔치를 벌이고 아버지 사도세자의 무덤인 현륭원을 방문하기 위한 정조의 행차이다. 사도세자와 화성, 정조와 화성의 인연은 각별하다. 1789년 사도세자의 무덤을 옛 수원 고을인 현륭원으로 옮기면서 지금의 수원이라는 새 고을이 생겨나고 그에 이어 화성 성곽도 세워진 것이다.

정약용은 성의 규모는 적절하게 줄이되 성벽에 방어 시설을 한껏 갖추자는 요지의 축성 방안을 자신 있게 내놓는다. 전쟁이 일어날 경우 산성으로 대피하는 대신, 도시를 지킬 수 있도록 자체 방어 시설을 갖춘 성곽을 짓자는 것이다. 이 축성 방안은 화성 건설에 대부분 흡수 반영된다. 화성 성곽의 가장 큰 특징이라면 성벽은 돌로 쌓고 성벽 곳곳에 설치된 방어 시설은 벽돌로 쌓아 올린다는 것. 가마를 비롯한 벽돌 제작 기술을 획기적으로 개선해 튼튼하고 간편한 벽돌을 건축 재료로 활용할 수 있었다. 또한 산성을 쌓는 방법인 내탁(그림 설명)을 활용해 지형을 경제적으로 이용한다. 이밖에도 정약용이 직접 개발한 거중기와 녹로, 유형거 등 새로운 기계를 도입하고 장인에 대한 성과급제를 실시해 공사의 효율성을 높인다.

1793년 정조는 수원부의 명칭을 『장자』의 화인축성(華人祝成)을 따서 '화성(華城)'으로 바꾼다. 요 임금의 고사에 나오는 대로 화성을 번영의 도시이자 성인이 덕을 펴는 도시로 만들고자 하는 정치적 포부를 담아서. 어쩌면 정조는 자신의 개혁 정치의 장으로 복잡한 정치 현실이 얽혀 있는 한양보다 화성을 선택하고 싶었는지도 모른다. 정조는 재위 동안 화성을 13차례나 찾을 정도로 화성 행차가 잦았다. 이것은 한편으로는 비명에 간 아버지 사도세자에 대한 절절한 그리움의 표현이자 효의 실천이지만, 다른 한편으로는 걸러지지 않은 백성의 목소리를 직접 듣고자 했던 정조의 정치적 의도와 연결된다. 원행 나흘째, 어가 행렬 현륭원 도착. 환갑을 맞은 혜경궁 홍씨는 동갑이었던 남편 사도세자를 생각하며 꺼이꺼이 통곡한다.

3 같은 날 오후 4시. 정조는 군사 훈련을 위해 팔달산 정상의 서장대에 오른다. 서장대에서 화성 성곽과 3700여 명의 장용외영 군사들을 내려다본 정조는 감개무량하다. 이 날 낮에는 가상 적을 상대로 실제 상황처럼 맹렬하게 수비와 공격을 하는 모의 군사 훈련, 밤에는 백성들이 사는 민가를 포함해 신호에 따라 횃불을 들었다 놓는 민방위 훈련을 실시한다. 이희평은 그날『화성일기』에다 "하늘에 불화살 수백 개가 한꺼번에 날고 사방이 불야성을 이루니 태어나서 이런 구경은 처음"이라며 한바탕 소감을 적는다. 정조는 군사 훈련이 끝난 후 활과 화살, 포목을 상으로 내린다. 화성은 수도 한양을 외곽에서 방어하는 요충지. 이곳을 지키는 장용외영 군사들의 사기가 하늘을 찌른다.

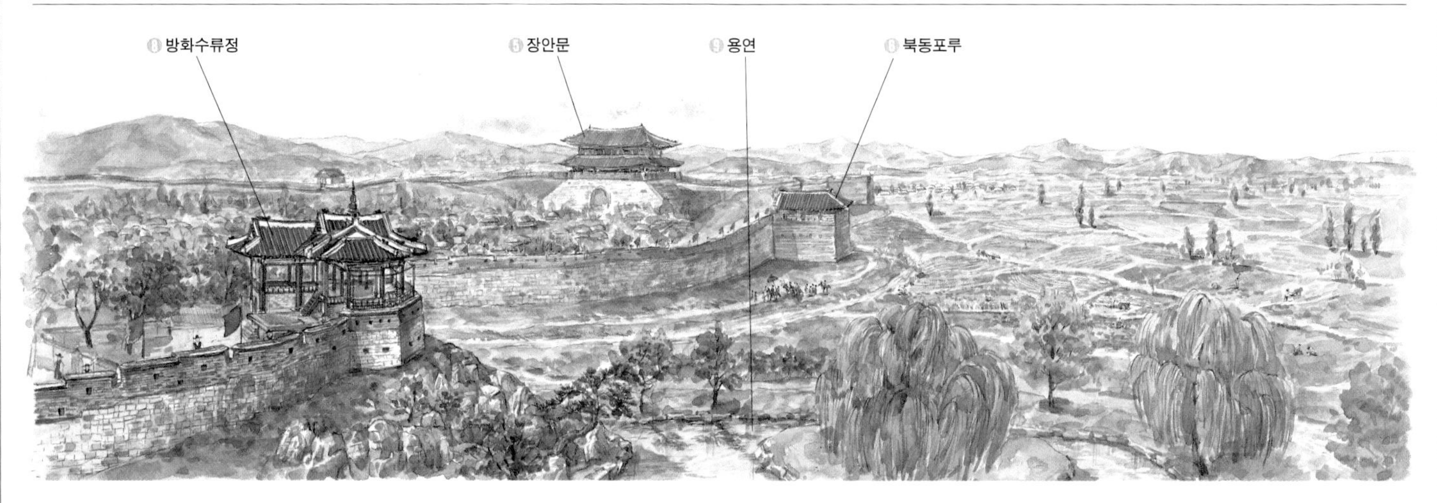

4 2월 14일 을묘 원행 여섯째 날. 어제 화성 행궁 안 봉수당에서 혜경궁의 환갑 잔치를 성대하게 치렀다. 오늘 정조의 일과는 빡빡하다. 새벽 신풍루에서 백성에게 쌀 나눠 주기, 오전 낙남헌의 양로 잔치, 오후 방화수류정 시찰, 저녁 득중정의 활쏘기 대회.
양로 잔치를 끝으로 공식 행사를 마친 정조는 측근만 거느리고 말 위에 훌쩍 올라 방화수류정 쪽으로 향한다. 장안문에 이르러 정조는 화성유수 조심태에게 성밖에 개간할 만한 땅이 어디냐고 묻는다. 조심태는 성밖을 손가락으로 가리키며 화성의 운영비를 충당할 둔전(屯田)과 황무지를 옥토로 만들어 줄 만석거 저수지에 대해 설명하느라 열을 올린다. 시찰을 마친 정조는 화성 성곽에 대해 흡족해하고 조심태의 노고를 위로한다.

5 이듬해인 1796년 6월 4일. 때이른 더위가 기승을 부리자 일꾼들에게 더위를 쫓는 알약인 척서단을 내린다. 동장대 너른 뜰에서 왕이 수고한 장인들에게 한턱 내는 호궤가 있는 날. 감관 패장은 물론이고 목수·석수·미장이·대장장이·벽돌장이·기와장이와 한낱 조수에 이르기까지 빠짐없이 왕이 내린 밥 한 그릇, 국 한 그릇, 자반 두 마리가 놓인 상을 받는다. 장인들은 완공 때까지 모두 11차례의 호궤를 받았다. 정조는 장인을 우대하고 다루는 법을 잘 안다. 강제 동원 대신 노임제를 실시하고 화성 북쪽 숙지산에서 떠온 돌에 대해, 가져온 양만큼 값을 쳐주는 성과급제도 실시한다. 10년을 예상한 공사 기간을 대폭 줄일 수 있었던 데에는 장인에 대한 지지와 지원이 한몫 했으리라.

8 화성이 건설되기 직전, 성터 자리를 둘러본 정조는 이곳 땅 이름이 유천(柳川), 곧 버드내이므로 성을 남북으로 조금 길게 하여 버들잎 모양으로 성곽을 만들라고 일렀다. 화성 성곽의 성벽 총 길이는 5.7km, 성벽 높이는 평지는 6m, 산지는 4m. 네 개의 성문과 공심돈 외에 포루·포사·치성·봉돈·각루 등의 군사 시설물이 있다. 물론 이것이 화성의 전부는 아니다.

화성은 탄탄한 생산 기반을 갖춰 번영이 약속된 계획 도시이자 조선의 사회경제적 변화를 이끌 갖가지 제도를 미리 실험하는 무대였다. 자체 생산을 위한 둔전과 만석거·축만거·서호 등 인공 저수지가 설치된 농업 진흥 선도 도시, 한양과 삼남을 잇는 교통과 유통의 도시, 시전이 번성한 상업 도시……. 버들잎 모양의 화성에는 이 모든 특징이 촘촘이 아로새겨져 있었다.

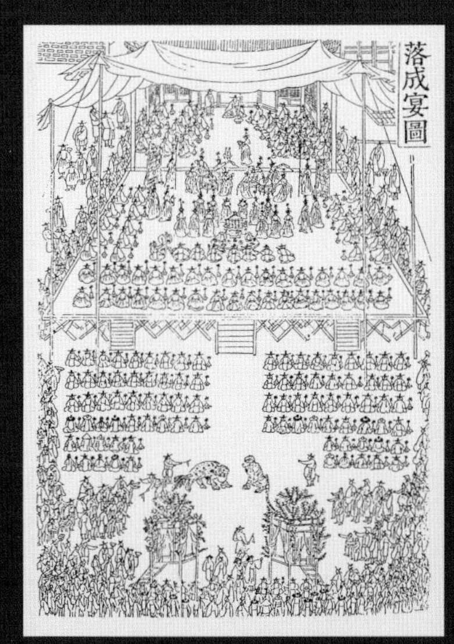

「낙성연도」- 위아래가 하나 되어 즐기다

『화성성역의궤』

왼쪽 그림은 1796년(정조 20년) 10월 16일 봉수당에서 거행된 화성 낙성(落成) 잔치 장면을 그린 것이다. 임시로 설치된 무대 위에서는 북춤·'포구락' 등 궁중 무용이 펼쳐지고, 그 아래에서는 일반 주민이 구경하는 가운데 사자춤이 펼쳐지는 진풍경이 벌어졌다. 신도시 화성이 완공되는 기쁨을 나누는 낙성 잔치가 아니고서는 위아래가 엄격한 조선 사회에서 이런 '여민락(與民樂)'의 모습을 쉽게 보기 힘들었으리라.

이 장면이 실린 책이 바로 화성 종합 건축 보고서인 『화성성역의궤』(이하 『의궤』)이다. 『의궤』는 총 10권 9책으로 되어 있으며 공사 일정, 각 건물에 대한 설명, 공사에 참여한 장인의 이름, 전체 공사 비용의 수입·지출 내역 등을 꼼꼼히 기록해 놓았다. 그토록 철저하게 기록했으니 관리자는 각종 경비를 투명하게 쓰지 않을 수 없었을 것이고 장인들은 책임감 있게 일하지 않을 수 없었을 것이다. 이러한 『의궤』가 있었기에 1970년대 화성 복원 사업이 순조롭게 이루어질 수 있었고, 상당수 건물이 '진품' 아닌 '복원품' 인데도 화성이 1997년 12월 유네스코 세계문화유산으로 선정될 수 있었다.

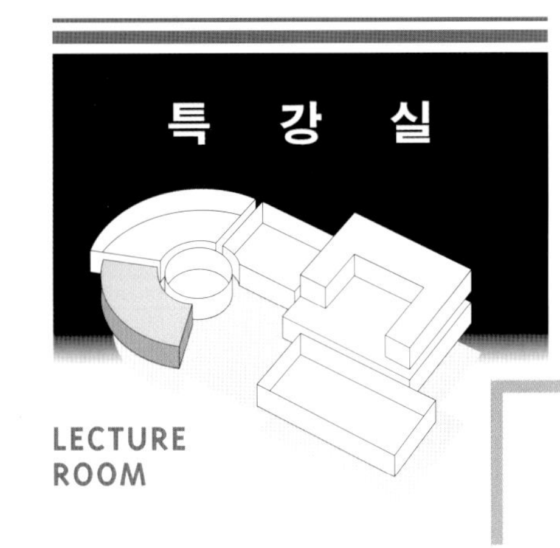

LECTURE
ROOM

풍속사는 역사의 다른 분야와는 달리 기본적인 사실조차 남아 있지 않은 경우가 많다. 공식적인 역사 기록들이 스치고 지나가기 쉬운 분야이기 때문이다. 그런 상황에서 조선 후기 문학은 풍속화와 더불어 요긴하게 활용할 수 있는 당대 풍속사의 보고(寶庫)를 제공한다. 이제 그곳에서 끄집어낸 소소한 생활의 역사, 문학의 섬세한 촉수에 잡힌 시대 풍경이 우리 눈앞에서 다채롭게 펼쳐진다.

특강_강명관
부산대 한문학과 교수.
조선 후기 비평사에 관심을 두고 있으며,
근래에 조선 시대 풍속사 연구로
비상한 관심을 모으고 있다. 저서로는
『조선 후기 여항 문학 연구』(창작과비평사, 1997),
『조선 시대 문학 예술의 생성 공간』(소명출판, 1999),
『조선 사람들, 혜원의 그림 밖으로 걸어나오다』
(푸른역사, 2001), 『조선의 뒷골목 풍경』
(푸른역사, 2003) 등이 있다.

문학으로 보는 조선 후기 사회와 풍속

활력과 생기를 뿜어내는 인간 군상이 활개치는 세상. 조선 후기 문학이 보여 주는 세상이다. 조선 후기 문학은 마치 잘 닦인 거울처럼 당시 조선 사회를 생생하게 비추고 있다. 위항인·판소리꾼·광대·가객을 포함한 각계각층의 작가군이 판소리·사설시조·한글 소설 등 하층 문학 갈래는 물론, 한시류의 정통 한문학 갈래까지 끌어들여 당대 사회를 이렇게 비추고 저렇게 비추었다. 그 각양각색의 거울이 어우러져 만화경처럼 빚어내는 조선 후기 풍속의 세계로 안내한다.

집 - 수백 년 사이에 이런 저택 다시 견줄 데 있으랴

18세기 문인 신택권이 본 서울의 이사 풍경으로부터 시작해 보자. "따로 집주름이란 것이 있어 생업으로 삼는데 / 큰 기와집 오두막집 마음속으로 헤아려 두네 …(중략)… 한 집안이 옮기면 열 집이 움직이고 / 종이 나르고 말에 실어 그칠 날이 없구나" (신택권의 「성시전도(가쾌시)」). 이 시에 나오는 '집주름'은 한자어로는 '가쾌'라고 하는 부동산 중개업자. 서울에 '집주름'이 나타나고 한 집 이사에 열 집이 움직일 만큼 인구 이동이 많고 집에 대한 수요가 폭증했다는 것이다.

그렇다면 당시 서울 사람들은 어떤 집에서 살았을까? 유득공은 『경도잡지』의 「제택」에서 도성 주민의 일반적인 집치레를 소개하고 있다. 방안에는 매끄럽고 누런 기름 먹인 종이 장판을 깔고, 그 위에 골풀로 엮어 '壽福(수복)' 두 글자를 새긴 자리와 꽃무늬를 수놓은 퇴침(서랍이 있는 나무베개)을 두며, 창은 '卍(완자)' 모양의 겹창으로 하고 흰 창호지를 바르되 조그만 유리를 달아 밖을 내다보게 한다는 것이다. 서울 사람들이 선호할 만한 깔끔한 집치레라고 할 수 있다.

그런가 하면 호화 주택도 유행했다. 조선 후기 서울의 '경화사족'은 종로 이북의 북촌에다 호화 주택을 짓고 골동품과 서화(書畵)·서적을 수집하는 고급 문화 취향을 지니고 있었다. 영의정을 지낸 대표적 경화사족 심상규(1766~1838)의 저택 '가성각'을 보자. 이유원의 『임하필기』에 따르면, 이 가성각은 우리 나라에서 제일 가는 건물로 안온함과 정교함이 이루 말할 수 없었다. 심상규는 평생의 힘을 쏟아 이 건물을 짓고, 온갖 생각을 다 짜내 고금의 서화와 괴암기석·골동품을 수집하여 이곳에 보관해 두었다고 한다. 저택이 어찌나 거창하고 호화스러웠던지 대사간 임존상이 상소를 올려 하늘로 치솟은 그 거창한 규모를 비판하고 인간이 할 수 있는 모든 기술을 다 쏟아 부어 얻은 그 화려함을 성토할 정도였다(1827년).

호화 주택은 부유한 중인 사이에서도 유행했다. 한문 단편 「김령(金令)」에는 역관 김령의 집이 자세하게 묘사되어 있다. 수백 보(步) 둘레의 정원을 사방에 회칠한 담장으로 둘렀는데, 담장 안에 연못을 파고 두세 명이 타는 작은 배를 띄워 놓았다는 것이다. 배를 타고 한참을 거슬러 올라가자, 무늬 박힌 돌로 쌓은 축대가 나오고 그 가운데 층계를 만들어 위로 올라가게 해놓았다고 했다.

이것은 비록 소설에 나오는 이야기지만 충분히 있음직한 일이었다. 이 소설의 주인공 김령은 역관으로 "재산이 국중(國中)의 갑부"로 꼽히는 사람이었기 때문이다. 조선 후기에 역관은 중국과 일본 사이의 중개 무역이나 금융업을 통해서 많은 돈을 벌어 들이고 있었다. 박지원의 「허생전」에 나오는 변승업도 실존 인물로 그 당시 가장 거대한 역관 가문을 이루고 있었다고 한다.

실제 역관 집을 묘사한 시 한 편을 더 보자. 이조원은 「대고행(大賈行)」이란 장편 한시에서 역관 김한태의 집을 이렇게 묘사하고 있다.

> 우람한 저택 수백 간 / 저자 거리에 우뚝이 솟았거늘 / 그래도 부족하다 여기는지 /
> 세 배로 증축을 하는데 / 다시 거리낄 것 무엇인가?
> 사람들 호령하는 문전이 바다로다 / 세상사 숨기면 도리어 드러나는 법 / 그 집 가보지 않았으되 대략 들어 아노라.
> 목수는 일등으로 뽑아서 / 제 기술 다 발휘하니 / 서까래에 살짝 흠이 보여도 / 통째로 다 바꿔 치고 /
> 토목을 일 최상을 취하니(최상의 토목 공사를 벌이니) / 공정이 5년이나 걸렸네.
> 화류목 중방 보드라운 기운이 돌고 / 박달나무 대청 향기가 어리누나. / 정자 위에서 나비·새들 굽어보이는데 /
> 연못에 누각 한 폭의 그림인가. / 회랑이며 굽은 난간으로 / 층층 용마루 눈앞에 이어지네 /
> 복도 벽에는 꽃무늬요 / 섬돌가에는 모란을 새겼구나.
> 겹겹으로 첩첩으로 / 대문 담장 높다란 데 들어가 보면 / 어딘지 어리둥절 미로에 빠진 듯싶고 /
> 단청은 칠하지 않았으되 / 대궐에도 없는 색다른 제도 / 전후 수백 년 사이 이런 저택 다시 견줄 데 있으랴.

김한태는 조선 후기에 손꼽히는 역관 명문가 출신이었다. 그는 소금 장사를 해서 엄청난 재산을 쌓았다고 한다. 화가 김홍도의 후원자 노릇을 했다고 하니, 예술에도 안목이 있었던 모양이다. 거창한 집을 갖고 예술가의 후원자 노릇을 하는 것은 굳이 김한태뿐 아니라, 조선 후기 역관 등의 중인에게서 많이 보이는 행태였다. 일제 때 독립운동가였던 오세창의 아버지 오경석도 역관 가문으로 유명한데, 그는 서화를 간직하는 '천죽재'라는 건물을 따로 두었다고 한다. 예나 지금이나 있는 자들의 호화 주택 선호와 골동품·서화 소유욕은 변하지 않나 보다.

활래정 _조선 시대의 대표적 상류 주택인 강원도 강릉 선교장의 부속 건물. 행랑채 앞 넓은 터에 커다란 연못을 파고 연못 속에 돌기둥을 세워 정자의 일부를 연못 안에 들여놓았다. 인공산(假山)을 만들고 소나무 한 그루를 심어 운치를 더했다. 중요민속자료 5호. 강원도 강릉시 운정동 431번지 소재.

먹을거리 – 은근한 불에 열구자탕 끓이노라

서민 예술인 판소리에는 의식주에 관한 욕망, 그 가운데서도 먹을 것에 대한 욕망이 장황할 정도로 길게 나온다. 『흥부전』에서 흥부 자식들의 먹을 것 타령을 들어 보자. 한 녀석이 나오면서, "애고 어머니, 우리 열구자탕에 국수 말아 먹었으면." 또 한 녀석이 나앉으며, "애고 어머니, 우리 벙거지전골 먹었으면." 이어 다른 녀석들도 개장국에 흰밥, 대초찰떡 타령을 늘어놓는다. 자식들의 성화에 흥부 마누라는 이렇게 답한다. "애고 이 녀석들아, 호박국도 못 얻어먹는데, 보채지나 말려무나." 대초찰떡이란 대추를 넣은 찰떡이겠고, 개장국은 요즘 말로 보신탕이니 보신탕에 흰밥을 말아먹고 싶다는 것이다.

그런데 흥부 자식들이 으뜸으로 내세운 열구자탕과 벙거지전골은 무엇인가? 흥부 자식들이 이 음식들을 떠올린 것은 그만큼 널리 알려진 음식이라는 뜻이겠다. 하지만 흥부네가 먹을 수 있는 그런 값싼 음식은 아니겠고 양반이나 부자들의 음식이었을 것이다. 영조 때 홍문관 대제학을 지냈던 남유용(1698~1773)은 친구 집에서 가까운 벗들과 술자리를 열고 시를 지었는데, 그 시에 이런 구절이 있다.

깊은 술잔에 전심주(傳心酒)를 가득 붓고 / 은근한 불에 새로 열구자탕 끓이노라.

작자·연대 미상의 『흥부전』_ 판소리 사설이 글로 정착된 판소리계 소설. 형제간의 우애를 내세우면서 조선 후기 서민의 삶을 잘 반영하고 있는 작품이다. 국립중앙도서관 소장.

이 시에 붙인 주를 보면 열구자탕에 대한 설명이 나온다. "열구자(悅口子)는 작은 솥 이름인데, 생선과 고기를 던져 넣으면 즉시 익는다. 맛이 극히 맑고 연하다. 그러므로 열구자라 한 것이다. 옛 사람들은 벗이 몇이 모이면, 술을 큰 사발에 담아 차례로 돌려 가며 마셨다. 이것을 전심배(傳心杯)라고 한다." 작은 솥에 생선이나 고기를 즉시 익혀 먹는다 했으니, 지금의 샤브샤브와 같은 것이다. 얼마나 맛있었으면 입을 즐겁게 하는 탕이라고 했을까. 또 전심배란 큰 그릇에 술을 따라서 친구들 사이에 돌려 가며 마시는 것이니, 요즘 젊은이들이 객기에 벌이는 음주 관습과 다름이 없다.

벙거지전골은 다른 말로 전립투(氈笠套)라고 한다. 그릇이 전립이라는 삿갓을 뒤집어 놓은 것 같아 '벙거지'란 이름을 붙였다. 벙거지전골은 가운데에다 채소를 데치고 가에다 고기를 굽는데 안주나 밥 반찬에 모두 좋다고 했다(유득공의 『경도잡지』). 어쨌든 『흥부전』이 읽히고 불리던 18~19세기 민중들에게 열구자탕과 벙거지전골은 가장 먹고 싶은 음식이었던 모양이다.

음식에 관한 사료(史料)는 적다. 문학에서도 먹을 것에 대한 언급은 거의 없다. 『흥부전』에서 인용한 먹을 것에 대한 묘사야말로, 먹을 것에 대한 민중의 간절한 욕망을 보여 주어 흥미롭다.

술집 - 산골짜기나 개울가에 주막이 있거든

이름이 짜아했던 왕년의 군칠이 집 / 지금 시내의 술집 으레 군칠이 집이라지

평양 냉면, 개성의 산적 / 그 맛 내기 어려우니 이를 어쩐다. _유만공의 『세시풍요』

군칠이 집이란 곧 술집이다. 이 시에 딸린 주석을 보자. "예전에 술집에 '군칠'이란 사람이 있었는데, 술을 잘 빚는 것으로 이름이 났다. 지금도 술집을 '군칠이 집'이라 한다." 『춘향전』의 이본인 『남원고사』를 보면 춘향이 갇혔다는 소식을 듣고 왈자들이 몰려들어 왁자하게 소란을 떠는데, 한 왈자가 부채질을 하자 누군가 한 소리 한다. "이 자식아, 네가 군칠이 집 더부살이할 제, 산적 굽던 부채질로 사람을 기가 막히게 부치느냐?" '군칠이 집'에서는 석쇠에 산적을 구어 안주로 팔았나 보다.

서울에 '군칠이 집'과 음식점이 언제 출현했는지는 알 길이 없다. 다만 서울이 도시인 만큼 어떤 형태로든 술집과 음식점이 있었을 것이다. 적어도 18세기가 되면 서울 시정에 음식점과 술집이 성업 중이었던 것은 분명하다. 술집은 17세기 문헌에 이미 보이지만, 금주령이 시행되었던 영조의 치세 50년 동안 거의 사라졌다가 정조 때 다시 출현하여 발달한다. 정조의 신하 채제공의 말에 따르면, 정조 초기의 술집은 안주가 김치 조각에 불과했으나, 이내 술집마다 여러 가지 안주를 개발하여 술 때문에 술집을 찾는 것이 아니라, 안주 때문에 술집을 찾는 경우가 많고, 안주 외상값 때문에 파산하는 경우도 있다고 할 정도였다. 이런 술집은 대개 목로 주점이었다. 이른 아침과 밤에는 주등(酒燈)을 켜서 술집임을 알렸고, 또 술을 따라 주는 주모가 있었다.

술집은 시정에만 있는 것은 아니었다. 1793년 가을, 이옥은 김려 등의 친구와 북한산을 유람하고 「중흥유기」란 글을 쓴다. 이 글에 따르면 북한산과 같은 명산에는 유람객들이 많았고, 이 유람객들의 주머니를 노려 산골짜기나 개울가에 군데군데 간단한 주막이 있었던가 보다.

작품 끝에 술을 마신 총량이 적혀 있으니 어디서 얼마나 마셨는지 한번 보자. 맹교에서 두 번을 마셨는데 전후로 모두 넉 잔을 마셨다고 하면서 일일이 술을 마신 곳과 마신 술의 양을 적어 놓고 있다. 행궁 앞 주막·태고사·상운사·훈국창 주막에서 한 잔씩 마시고는 술을 더 받아 오려는데 아침 안개가 너무 짙게 끼었다. 산길에 밝은 승려를 보내 술을 받아 오게 했으나 이루지 못했다. 그러나 곧 손가장·약사전에서 한 잔, 혜화문에서 나귀 타고 오는 이를 만나 함께 한 잔, 성균관·계자항에서 한 잔씩을 더 마실 수 있었다고 적고 있다. 끝에 그는 이렇게 말한다. "산에 갈 때는 술이 없을 수 없으나, 또한 진실로 많아서는 안 된다." 산을 좋아하는 사람이라면 그 뜻을 알 것이다.

백자 술병 _ 목을 한 바퀴 돌려 감은 띠 한 가닥이 비스듬히 내려와 둥글게 말린 모양의 무늬가 재미있다. 이 띠는 술병에 매다는 끈을 묘사한 것으로 보이며, 조선 도공의 해학 정신을 엿보게 한다. 백자 철화(鐵火) 띠무늬 병. 15,6세기. 높이 31.4cm. 보물 1060호. 국립중앙박물관 소장.

북한산 1793~2004

놀이 - 봄 · 가을 행락하니 공명도 부귀도 난 몰라라

봄에는 꽃구경, 가을에는 단풍 구경. 사시사철이 행락철인 지금과 달리, 조선 시대에는 봄과 가을이 행락철이었다. 조선 시대 서울 사람들은 어디로 놀러 다녔을까. "서울의 꽃과 버들은 3월에 확 피어나는데, 남산의 잠두와 북악산의 필운대와 세심대가 유상객이 몰리는 곳이었다"(김매순의 『열양세시기』). 이 시대에는 시내 곳곳의 경치 좋은 곳을 찾아 놀이를 벌이는 것이 생활의 큰 즐거움이었다.

앞에서 나온 필운대는 인왕산 아래 지금의 배화여고 뒤쪽에 있는데, 석벽에는 '필운대' 세 글자가 새겨져 있다. 세심대도 인왕산 아래 지금의 궁정동 부근에 있는데, 역시 석벽에 '세심대' 세 글자가 새겨져 있다. 이런 곳에는 꽃구경 온 사람들이 구름처럼 몰려들어 3월 내내 북적거렸다.

유득공은 『경도잡지』에서 놀기 좋은 곳을 조금 더 소개하고 있다. 즉 필운대의 살구꽃, 북둔의 복사꽃, 동대문 밖의 버들, 천연정의 연꽃, 삼청동 탕춘대의 수석에 술을 마시고 시를 읊조리는 사람들이 많이 몰린다는 것이다. 대체로 서울의 인왕산에서 백악을 지나 동대문 위쪽의 낙산에 이르는 서울 도성의 북쪽은 그 위치가 남쪽을 바라보는 곳이었기에 봄이면 꽃나무가 무척 아름다웠던 것이다.

서울의 경승지를 유람하는 데도 특별한 방법이 있었다. 서울 성곽 40여 리를 하루 만에 답파하면서 성 안팎의 꽃과 버들을 다 본 사람을 으뜸으로 쳤다는 것이다. 그러자니 꼭두새벽에 성에 올라 해질 무렵에야 마칠 수 있었다. 산길이 험하여 중도에 포기하는 사람이 많을 만큼 쉽지 않은 일이었다. 이런 경승지에는 송석원·필운대·옥류동·도화동·탕춘대·세검정 같은 유명한 정자와 누대가 있어서 사람들이 많이 찾았다. 바로 이런 정자와 누대가 조선 후기 서울 시민의 유흥 공간으로 떠올랐던 것이다. 이런 곳에서 무엇을 하고 놀았을까. 김수장의 사설 시조를 보자.

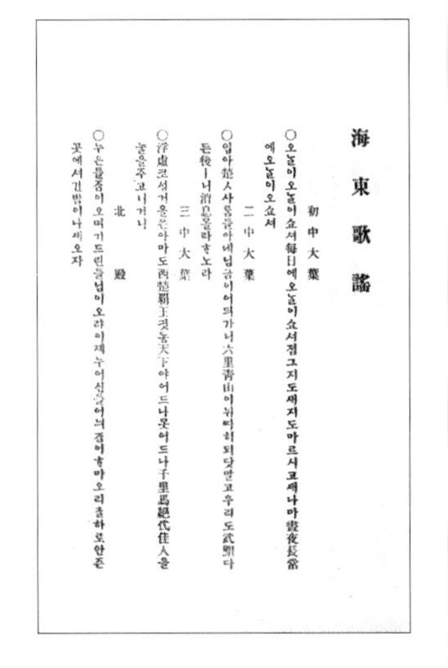
海東歌謠

初中大葉

二中大葉

三中大葉

北殿

김수장이 편찬한 시조집 『해동가요』_ 1755년(영조 31년). 장서각 도서. 작가별로 작품을 배열했다. 『청구영언』·『가곡원류』와 더불어 우리 나라 3대 시조집이다.

> 노래같이 좋고 좋은 것을 벗님네 아돗던가 / …… 필운·소격·탕춘대와 한북 절승처에 주효난만한데,
> 좋은 벗 갖은 해적 아름다운 아모가히 제일 명창들이 차례로 벌여 앉아 엇결에 부를 적에…… /
> 공명도 부귀도 나 몰라라. 남아의 이 호기를 나는 좋아하노라.

필운대, 소격서 부근(삼청동 일대), 탕춘대 같은 경치 좋은 곳에서 술과 안주를 갖추고, 아름다운 기생과 악공을 불러 온갖 음악을 연주하고 노래를 부르니 이 즐거움에 공명도 부귀도 모른다고 했다. 지금과 비교해 볼 때, 조선 후기 서울 시민들이 노는 방식이 어떠한가.

문화 - 술병 차고 '필운대 풍월'을 읊노라

앞에서 나온 필운대는 '가대(歌臺)' 라고도 불렀다. 영조 때 장우벽이란 사람이 매일 필운대에 올라가 노래를 불렀다고 해서 붙여진 이름이다. 장우벽이 부른 노래가 바로 시조를 노래로 부른 '가곡창' 이었고, 장우벽은 현재 전해지고 있는 가곡창의 창법을 정리한 사람으로 이름을 남기고 있다. 그의 집은 당시 서리들의 집단 거주지였던 필운대 근처였다.

장우벽의 아들이 정조 때 서리였던 장혼이다. 서리들은 중앙 관청에서 행정 실무를 맡았는데, 조선 후기에 이르면 대대로 서리직을 세습했다. 이들은 대개 관례가 되어 버린 뇌물과 횡령 등으로 돈을 벌었고 이런 경제적 여유를 바탕으로 문화에 눈을 돌렸다.

서리의 문화 활동 중에서 가장 두드러진 것이 한문학 쪽이었다. 이들은 한시를 짓는 모임, 곧 시사(詩社)를 만들고 여기서 위항시를 지었다. 이들이 짓는 한시는 양반이 아닌 시정인(市井人)의 한시라 해서 위항시(委巷詩, 위항은 시정이란 뜻)라고 불렸다. 이들이 결성한 시사의 주공간이 바로 인왕산 밑 자신들의 거주지였다. 조선 시대에는 그곳을 '서촌' 이라고 불렀는데, 대개 17세기 말부터 19세기 중반에 이르기까지 거의 2백 년 동안 서촌의 위항인 시사는 매우 유행했다.

이 시사 가운데 정조 때 인물 천수경이 맹주로 있었었던 송석원시사가 가장 규모가 크고 유명했다. 송석원은 인왕산 아래에 있는 서울의 경승지인데 "위항인들도 술병을 차고 와서 시를 짓노라 날마다 몰린다. 흔히 그들이 지은 시를 '필운대 풍월' 이라 한다"(유본예의『한경지략』)고 했다.

송석원시사가 얼마나 성황을 이루었는지 알려 주는 글로『희조일사』의 한 대목을 보자. 매년 봄·가을 좋은 날이면 천수경·장혼·왕태가 송석원에서 시회를 크게 여니, 모인 사람이 수백 명이었다고 한다. 큰 그릇에 먹물을 가득 담고 먹즙으로 종이와 비단을 화려하게 꾸몄는데, 시축(詩軸 : 시를 적는 두루마리)의 높이가 사람 키만 했다. 남쪽과 북쪽에서 각각 시장(詩長)을 정하고 제비를 뽑아 제(題)를 냈다. 저물녘에 시축들을 종에게 지워 글로 이름이 높은 사람에게 가지고 가서 좋은 시를 뽑아 달라고 부탁했다. 장원을 차지한 시는 여러 사람의 입에서 암송되며 그날 서울 시내를 두루 돌았다. 시축은 장원한 사람에게 돌려주었으나, 이미 이 사람 저 사람이 서로 빌려 보아 아주 닳고 해진 다음의 일이었다. 당시 풍속이 이 일을 아주 중시했기 때문에 시회에 참석하는 사람들은 큰돈을 아끼지 않았고, 심지어 파산하고도 후회하지 않았다.

이런 거창한 시회를 백전(白戰)이라 했으니, 무기 없는 싸움, 즉 시로 겨루는 싸움이라는 뜻이다. 백전에 간다면 순라군도 잡지 않았다고 하니 위항인의 시회가 서울의 풍습처럼 여겨졌던 것이다.

필운대 _ 조선 중기의 명신 이항복(1566~1618)이 살던 곳으로 '필운'은 이항복의 호. 지금 배화여고 뒤, 큰 암벽에 필운대(弼雲臺)라는 글자가 크게 새겨져 있고 가운데에 시가 새겨져 있으며 오른쪽에 10명의 이름이 적혀 있다. 필운대 글씨는 이항복의 후손인 이유원이 1873년(고종 10년) 이곳에 들러 시 한 수 지을 때 같이 쓴 것으로 짐작된다. 서울시 종로구 필운동 산 1-2 소재.

기방 - 까다로운 규칙에 싸움 잘 날 없네

김수장이 지은 사설 시조를 보자. "나는 지남석이런가. 각씨네들은 날바늘인지/ 앉아도 붙고 서도 따르고 누워도 붙고 솝떠도 따라와 아니 떨어진다/ 금슬이 부조(不調)한 분네들은 지남석 날바늘을 달여 일재복(日再服)을 하시소." 여기서 말하는 '각씨'란 기생이다. 자신은 지남철처럼 숱한 기생들을 끌어당기는 남자라면서, 혹 부부 사이가 좋지 않은 사람이 있다면, 지남철과 바늘을 달여 하루 두 번 마시라는 것이다. 김수장은 기방(妓房)에서 여러 기생들을 앉혀 두고 이런 노래를 불렀던 것이다.

기생들은 대개 서울 시내에 기방을 열었다. 지방에서 기생이 올라오면 숙식이 당연히 문제가 된다. 이것을 기부(기생 서방)들이 해결해 주고, 대신 기생을 내세워 기방을 열고 영업을 했던 것이다. 기방에는 점잔빼는 양반들이 드나들지 않았고, 주로 상인이나 역관·서리·무사들이 고객이었다. 원래 기방에는 기방 특유의 까다로운 풍습이 있어 여기에 익숙하지 않으면 폭력이 다반사로 발생했기에 체면을 중시하는 사람들은 기방에 드나들지 않았던 것이다. 강이천이 서울의 풍물을 노래한 「한경사(漢京詞)」 중 한 수를 보자.

> 처마 끝 버드나무에 지등 내걸고 / 술독들 술이 갓 괴어 오르니 마음도 무르녹네
>
> 좌중에 사람을 마주치면 / 성명은 통하지 않고 '평안호' 묻노라.

"'평안호' 묻는다"는 것은 기방에 처음 들어서는 고객이 먼저 와 있던 사람들에게 하는 말이다. 그리고 이어 기생에게는 "무사한가?"라고 묻는다. 이처럼 기방에는 기방만의 독특한 문화가 형성되어 있었으므로, 이 문화에 익숙하지 않으면 기방 출입을 할 수가 없었다.

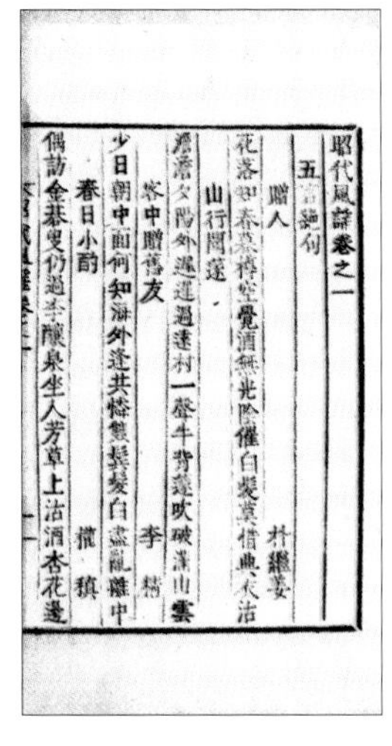
昭代風謠卷之一
五言絶句
贈人 朴繼姜
花落知春暮樽空覺酒無光陰催白髮莫惜典衣沽
山行聞笛
瀟灑夕陽外逍遙過遠村一聲牛背笛吹破滿山雲
峽中贈舊友 李 楷
少日朝中面何知海外逢共憐雙鬢髮白盡亂離中
春日小酌 權 稹
偶訪金華叟仍過李釀泉坐人芳草上沽酒杏花邊

채팽윤이 엮은 『소대풍요(昭代風謠)』 1737년(영조 13년)에 간행된 조선 후기 위항인의 한시를 모은 선집. 9권 2책. 활자본. 162명의 중인들의 시 685수가 실려 있다. 60년을 주기로 『풍요속선』·『풍요삼선』과 같은 위항인의 시선집이 간행되었다. 규장각 소장.

영조 때부터 기생은 단순히 기방에만 있는 것이 아니라, 대개 악사나 가객(가수)과 함께 악단을 이루어 민간의 연회에 춤과 노래를 제공하기도 했다. 특히 영조 때에는 금주령이 지속적으로 내려져 있었기 때문에 잔치의 흥겨움은 대개 술 대신 기악으로 달랬다. 영조 때의 위항 시인 김성달은 "오늘날 사람들은 회갑이나 수연에 능력이 없으면 그만이지만, 능력이 닿는다면 반드시 잔치를 장대하게 벌이고 기생을 초청해 호사스럽게 꾸며, 남의 사람의 이목을 즐겁게 하는 경우가 많다"고 증언하고 있다.

텔레비전 사극을 보면 종종 기방이 등장한다. 그런데 조선 전기에는 이러한 기방이 없었다. 조선 후기 사회의 산물이었기 때문이다. 물론 국가에서 기생을 두는 제도는 조선 전기부터 있었는데, '관기'라고 불린 이 제도는 1894년 갑오경장 때 사라졌다.

임금

● 아시아의 왕 | 왕과 황제의 사이에서 |

영조
(재위 1724~1776)

조선 후기의 왕. '영조'는 죽은 뒤 종묘에서 제사 지낼 때 쓰던 묘호(廟號)이다.

아시아 각국에서 최고 권력자의 호칭은 유목민의 '칸', 백제의 '어라하', 신라의 '이사금' 등 다양했다. 그러다 중국 문화의 영향을 받으면서 '왕'이라는 호칭을 쓰기 시작했는데, 이것은 본래 황제보다 한 등급 아래인 봉건 제후를 가리키는 말이었다. 우리 나라의 역대 왕은 중국과의 관계를 고려하면서도 일개 제후가 아니라 주권국 군주임을 분명히 하기 위해 애썼다. 고구려와 백제의 왕은 '대왕'을 칭하기도 했고, 발해와 고려의 왕은 스스로 '황제'를 칭하기도 했다. 중국 명나라에 대한 사대(事大)를 분명히 한 조선에서도 '태조'·'태종'과 같은 칭호를 사용했는데, 이는 황제에게 붙이는 시호였다. 안팎으로 황제국임을 분명히 한 대한제국이 역사상 가장 취약한 왕조의 하나였던 것은 역설적이다.

皇帝

● 아시아의 황제 | 중화 세계의 최고 권위 |

건륭제
(재위 1735~1795)

중국 청나라 황제. '건륭'은 연호이고 묘호는 고종(高宗)이다.

전국 시대의 혼란을 끝내고 중국 최초의 통일 국가를 세운 진시황은 이전에 중국의 임금을 가리키던 '왕'이나 '천자' 대신, 지상에 출현한 절대적인 존재라는 의미에서 스스로 황제라고 칭했다. 그는 조(詔)·칙(勅)·짐(朕) 등 황제만이 사용할 수 있는 각종 용어와 제도를 만들었으며, 이러한 황제 제도가 정착된 것은 한나라에 들어오면서부터였다. 이후 중국은 황제국의 입장에서 주변 국가의 군주들을 제후인 '왕'으로 임명하는 책봉 관계를 외교의 기본 정책으로 확립했다. 몽골이나 만주족의 칸도 중국을 정복하면 중화제국을 표방하고 '황제' 칭호를 사용했다. 발해나 고려처럼 베트남도 '황제'를 자칭한 바 있으며, 일본의 '천황'도 황제에 준하는 호칭이다.

سلطان

● 이슬람의 황제 | 제정 일치의 지배자 |

셀림3세
(재위 1789~1807)

오스만투르크의 술탄칼리프. 서구화를 추진한 계몽 군주였다.

이슬람교의 창시자 무하마드가 죽은 뒤 그 후계자들은 '칼리프(원음은 하리파)'라는 칭호를 썼는데, 이것은 무하마드의 '대행자'라는 뜻이었다. 제정 일치 사회인 이슬람 제국에서 종교적 최고 지도자인 칼리프는 최고 주권자이기도 했다. 한편 '술탄'은 칼리프가 임명한 특정 지역의 정치 지도자를 가리키던 말로 13세기 투르크계 셀주크 왕조의 지배자부터 이 호칭을 실질적으로 사용했다.

셀주크의 뒤를 이은 오스만투르크 제국의 술탄 셀림 1세는 1517년 이집트의 맘루크 왕조를 멸망시킨 뒤 그 왕조가 보호하던 아바스 왕조의 자손으로부터 칼리프의 칭호를 물려받았다. 이로써 세속 권력자인 술탄이 종교 지도자를 겸하는 '술탄칼리프'가 탄생하여 4세기 동안 이슬람 세계를 지배했다.

Imperator

● 유럽의 황제 | 로마 제국의 법통을 좇아서 |

예카테리나
(재위 1762~1796)

러시아 로마노프 왕조 황제. 표트르 1세와 함께 '대제'로 불린다.

유럽에서 개별 국가를 뛰어넘는 제국의 군주를 뜻하는 황제의 기원은 로마 제국에 있고, 이후 황제를 칭한 모든 유럽 군주는 로마의 법통을 좇고자 했다. 로마 최초의 황제는 카이사르의 양아들이었던 옥타비아누스로 그의 호칭은 '최고 지휘자'라는 뜻의 '임페라토르(Imperator)'였다. 그의 성(姓)이었던 '카이사르(Caesar)'는 황제 계승권자나 부황제를 가리키는 말로 쓰였다. 로마가 망한 뒤 제국을 건설한 프랑크 왕국의 샤를마뉴는 교황으로부터 로마 황제의 관을 받고 '서로마 제국'을 선포했다. 그 뒤를 이은 독일계 제국의 이름도 '신성로마제국'이었고, 18세기에 제국을 선포한 러시아 '로마노프 왕조'의 정식 황제 호칭은 '임페라토르'였다. '차르', '카이저'는 모두 '카이사르'에서 유래한 호칭이다.

Rex

● 유럽의 왕 | "짐이 곧 국가다." |

루이14세
(재위 1643~1715)

프랑스 부르봉 왕조의 왕. '대왕', '태양왕' 등으로 불린다.

18세기 세계에서 가장 두드러진 활약을 보인 군주는 서유럽 각국의 절대 군주였을 것이다. 영국의 '킹(king)', 독일의 '쾨니히(König)' 등은 고대 게르만족의 지도자 호칭에서 유래한 것이고 프랑스 왕을 가리키는 '르와(roi)'는 고대 로마의 지배자 호칭인 '렉스(rex)'에서 유래했다. 유럽 각국의 왕은 보편 질서가 지배하던 중세에는 가톨릭 교황과 신성로마제국 황제의 통제를 받았으나, 르네상스와 종교개혁 이래 서서히 독자적 세력을 키워 나갔다. 관료와 상비군이라는 두 축을 통해 왕이 절대 권력을 장악한 17세기를 '절대주의 시대'라고 부르며 그 선두 주자는 영국과 프랑스였다. 이러한 절대 권력을 상징적으로 말해주는 것이 루이 14세의 "짐이 곧 국가다"라는 선언이었다.

◀ **신라 금관**
경주 황남대총에서 발굴된 5세기 신라의 금관. 제사 때 썼거나 장례 때 시신과 함께 껴묻은 것으로 짐작된다. 이 관은 여성용이었지만 왕도 금관을 썼다. 신라는 6세기 초 지증왕 때부터 '왕'이라는 호칭을 쓰기 시작했으며 고구려와 백제의 왕호 사용은 이보다 일렀다.

◀ **왕의 옥좌** : 조선 시대 왕의 옥좌 뒤에는 해와 달, 그리고 다섯 봉우리가 그려진 '일월오봉병풍'을 둘렀다.

▶ **왕의 옥새** : 임금의 인장인 옥새는 '어보(御寶)'라고도 한다. 황제로 칭한 고종의 금보(금옥새).

▶ **중국 황제의 모자**
중국 청나라 황제가 제사를 지낼 때 쓰던 붉은 모자. 공단으로 직조했으며, 역시 붉은 공단에 황룡을 새긴 조포(朝袍)와 함께 썼다.

◀ **황제의 옥좌** : 호화로운 병풍과 큰 부채, 향로, 학 모양의 촛대로 장식되어 있다.

▶ **황제의 수호 동물**
사악한 것을 물리치며 황제를 상징하는 상상의 동물.

◀ **술탄의 투구**
오스만투르크의 술탄칼리프는 호화로운 왕관 대신 터번을 즐겨 썼다. 사진은 보석을 박아 넣은 술탄칼리프의 원뿔형 장식 투구.

◀ **술탄의 옥좌**
18세기 페르시아의 군주 나디르 샤가 오스만투르크의 마흐무드 1세(1730~1754)에게 선물한 옥좌.

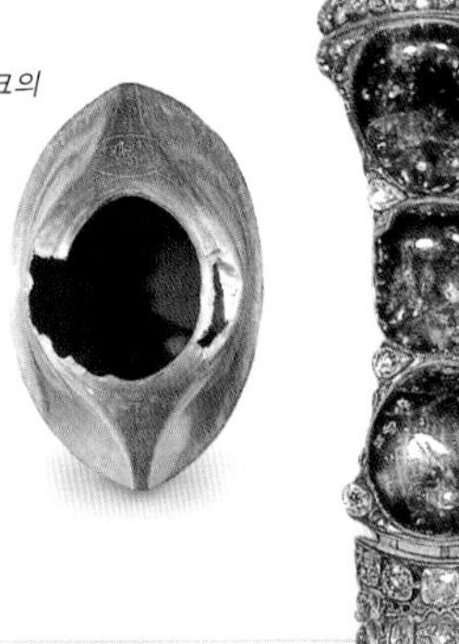

▶ **종교적 권위의 상징**
'예언자의 돌'을 보호하는 금박 덮개.

▶▶ **세속 권력의 상징**
세계에서 가장 유명한 단검의 하나인 '톱카프'.

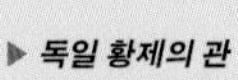

▶ **독일 황제의 관**
각종 보석으로 장식되어 황제의 가장 귀중한 부분인 머리를 장식하는 제관(帝冠)은 황제의 권력과 영광의 성취를 상징한다. 신성로마제국 카이저의 제관.

구체(球體) : 왕이 온 세상을 손안에 들고 있는 지엄한 존재라는 것을 상징적으로 나타낸다.

법복 : 왕의 모피 옷으로 순정(純正)과 청정(淸淨)을 상징한다.

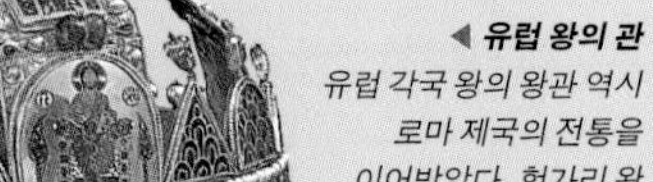

◀ **유럽 왕의 관**
유럽 각국 왕의 왕관 역시 로마 제국의 전통을 이어받았다. 헝가리 왕 스테판 1세의 관. 아래 부분은 동로마 양식, 윗부분은 서로마 양식을 본떴다.

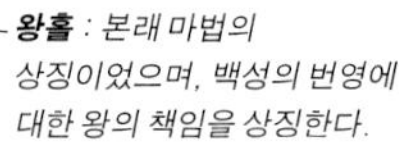

왕홀 : 본래 마법의 상징이었으며, 백성의 번영에 대한 왕의 책임을 상징한다.

망토 : 보호와 신비를 상징하는 옷.

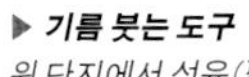

▶ **기름 붓는 도구**
위 단지에서 성유(聖油)를 따라 아래 숟가락으로 새 왕에게 부어 준다.

▲ **조선의 왕궁** : 임진왜란으로 경복궁이 불타 버린 후 그 동쪽의 창덕궁(동궐)이 정궁으로 쓰였다. 1830년대의 화재로 불타 버리기 직전의 창덕궁 전체를 한눈에 내려다보면서 그린 것. 인정전이 보인다.

'조선실' 58~59쪽을 참조하세요.

▲ **황제의 궁성(宮城)** : 중국 명나라 영락제가 북경에 세운 자금성(紫禁城 : 중국어 '쯔진청'). 그 이름은 북두칠성의 북쪽에 자리잡은 자금성이 황제의 거처라는 데서 유래했다. 9천 개의 방이 있는 세계 최대의 왕궁이다.

▲ **술탄칼리프의 궁전** : 오스만투르크가 동로마 제국을 정복한 15세기 이래 그 수도였던 이스탄불의 정궁 톱카프 궁전. 술탄칼리프 마흐무드 2세가 신료들과 함께 궁전의 정문인 바브후마운을 나서고 있다. 19세기 그림.

▲ **차르의 황궁** : 러시아의 서구화를 추진한 표트르 대제가 1703년 '서유럽을 향한 창'을 표방하며 세운 상트페테르부르크에서 열병식이 진행되고 있다. 그는 모스크바가 동쪽으로 치우쳐 있다면서 이 신도시로 황도를 옮겼다.

▲ **태양왕의 궁전** : 원래 루이 13세가 파리 교외 베르사유에 마련한 사냥용 별장이었으나, 1662년경 루이 14세의 명령으로 대정원을 지었다. 그 후 건물 전체를 다시 지으면서 가로축 부분이 앞으로 튀어나온 U자형 궁전으로 바뀌었다.

◀ **왕실의 술 항아리** : 경기도 광주의 분원 가마에서 제작된 구름·용 무늬 청화백자. 18세기 후반.

◀ **왕실의 그릇**
꽃잎 열 개가 꽃잎 받침 위에서 활짝 핀 모습. 왕실 전용으로 보인다.

▲ **황제의 옷** : 황금 비단에 자수로 구름 속의 황금빛 용을 새겼다. 이러한 '황룡포'는 오직 황제만 입을 수 있었다.

▲ **황실 정원의 도자기 의자**
중국 명·청대 칠보 도자기는 전 세계 왕실에서 애호되었다. 18세기.

▲ **화장용 함**
검은 옻칠을 한 나무에 상감 처리. 청나라는 가구처럼 큰 규모의 제품에도 칠기 공예를 적용시켰다. 18세기.

▲ **별 모양 타일** : 이슬람 궁전의 건축을 상징하는 장식물.

◀ **술탄의 장식 거울**
루비와 에메랄드로 장식한 18세기 거울.

▲ **향수 플라스크**
장미 향수를 담아 두던 용기. 에나멜을 입혔다.

◀ **차르의 옷장**
차르의 겨울 궁전인 에르미타쥬 궁전에 보관된 18세기 옷장.

▲ **차르의 피스톨** : 에르미타쥬 궁전에 선물로 기증된 이탈리아제 총. 17세기.

▲ **차르의 아이스크림 컵**
예카테리나 2세가 즐겨 먹던 아이스크림을 보관해 두던 자기 그릇.

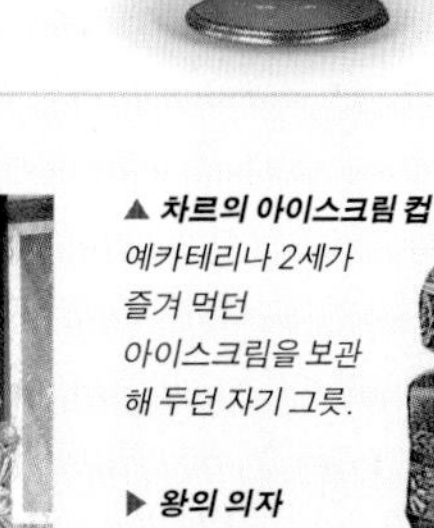

▲ **거울방** : 17개의 창문이 바깥 정원의 경치와 빛을 받아들이면 17개의 거울이 이를 반사한다. 이 아름다운 방은 유리 생산 등 프랑스 근대 산업의 탄생을 상징한다.

▶ **왕의 의자**
퐁텐블로에 있던 루이 16세의 카드방 의자. 여섯 개짜리 세트 중 하나이다.

· 역사비평 편집위원회, 『한국 전근대사의 주요 쟁점』, 역사비평사, 2002.
· 역사학회 편, 『한국 친족제도 연구』, 일조각, 1992.
· 오주석, 『단원 김홍도』, 열화당, 1998.
· 오주석, 『오주석의 한국의 미 특강』, 솔, 2003.
· 유봉학, 『꿈의 문화유산, 화성』, 신구문화사, 1996
· 유봉학, 『연암 일파 북학 사상 연구』, 일지사, 1995.
· 유봉학, 『정조 대왕의 꿈』, 신구문화사, 2001.
· 유봉학, 『조선 후기 학계와 지식인』, 신구문화사, 1998.
· 유희경, 『한국 복식 문화사』, 教文社, 1998.
· 이배용 외, 『우리 나라 여성들은 어떻게 살았을까』 1, 청년사, 1999.
· 이수건, 『영남학파의 형성과 전개』, 일조각, 1995.
· 이영훈, 『조선 후기 사회경제사』, 한길사, 1988.
· 이태진 편, 『서울 상업사 연구』, 서울학연구소, 1998.
· 이태진, 「16세기 국제 교역의 발달과 서울 상업의 성쇠」, 『서울 상업사 연구』, 1998.
· 이태진, 「18-19세기 서울의 근대적 도시발달 양상」, 『서울학 연구』 4, 1995.
· 이태진, 「소빙기의 천체 현상적 원인」, 『국사관논총』 72, 1996.
· 이태진, 「조선 시대 서울의 도시 발달 단계」, 『서울학 연구』 창간호, 1994.
· 이태진, 『한국 사회사 연구-농업기술 발달과 사회변동』, 지식산업사, 1986.
· 이태진, 「소빙기 천변재이 연구와 조선왕조실록」, 『역사학보』 149, 1996.
· 이해준, 『조선 시기 촌락 사회사』, 민족문화사, 1996.
· 이훈상, 『조선 후기의 향리』, 일조각, 1990.
· 장덕순·조동일·서대석·조희웅, 『구비문학 개설』, 일조각, 1971.
· 전상운, 『한국 과학사』, 사이언스북스, 2000.
· 정병모, 『한국의 풍속화』, 한길아트, 2000
· 정병모, 『회화 1』, 예경, 2001.
· 정연식, 『일상으로 본 조선 시대 이야기』 1·2, 청년사, 2001.
· 정진영, 『조선 시대 향촌 사회사』, 한길사, 1998.
· 진준현, 『단원 김홍도 연구』, 일지사, 1999.
· 최승희, 『증보판 한국 고문서 연구』, 지식산업사, 1989.
· 최완기, 『한양(漢陽)』, 교학사, 1997.
· 최완수 외 지음, 『진경 시대』 1·2, 돌베개, 1998.
· 최완수, 『겸재를 따라가는 금강산 여행』, 대원사, 1999.
· 최완수, 『진경산수화』, 범우사, 1993.
· 최준식 외, 『유네스코가 보호하는 우리 문화유산 열두 가지』, 시공사, 2002.
· 최홍규, 『정조의 화성 건설』, 일지사, 2001.
· 프랜시스 로빈슨 외, 『사진과 그림으로 보는 케임브리지 이슬람사』, 시공사, 2002.
· 한국고문서학회, 『조선 시대 생활사』 1·2, 역사비평사, 1996 · 2000.
· 한국역사연구회, 『조선 시대 사람들은 어떻게 살았을까』 1·2, 청년사, 1996.
· 한영우, 『다시 찾는 우리 역사』, 경세원, 1997.
· 한영우, 『정조의 화성 행차, 그 8일』, 효형출판, 1998.
· 허경진, 『하버드 대학 옌칭 도서관의 한국 고서들』, 웅진북스, 2003.
· 허동화, 『우리가 정말 알아야 할 우리 규방 문화』, 현암사, 1997.
· 홍순민, 『우리 궁궐 이야기』, 청년사, 1999.
· 홍승기 외, 『노비·농노·노예 — 예속민의 비교사』, 일조각, 1998.

— 논문

· 김인걸, 「조선 후기 향촌 사회 변동에 관한 연구」, 서울대 국사학과 박사학위 논문, 1991.
· 노영구, 「조선 후기 병서와 전법의 연구」, 서울대 박사학위 논문, 2002.
· 노영구, 「조선 후기 성제 변화와 화성의 성곽사적 의미」, 『진단학보』 88, 1999.
· 심재우, 「18세기 옥송의 성격과 행정 운영의 변화」, 『한국사론』 34,
· 우인수, 「조선 후기 한 사족가의 생활 양식」, 『조선 시대사 학보』 12, 조선시대사학회, 2000.
· 정연식, 「화성 공심돈의 유래와 기능」, 『역사학보』 169, 2001.
· 정연식, 「화성의 방어 시설과 총포」, 『진단학보』 91, 2000.
· 조성윤, 「조선 후기 서울 주민의 신분 구조와 그 변화」, 연세대 박사학위 논문.
· 주영하, 「숯불 쇠고기에 한 잔 소주, 숨어 먹어 더 맛있네」, 『생활 속의 이야기』 115, 2003.

— 도록 · 보고서

· *ART*, DK, 1997.
· Boris P. Pjotrowskij, *Die Ermitage*, Weltbild Verlag, 1999.
· *Die Welt des Mittelalters*, Belser, 2001.
· *History of the World*, DK, 1994.
· Ilhan Aksit, *The Topkapi Palace*, Aksit Kultur ve Turizm Yayincilik, 2000.
· Simone Hoog / Beatrix Saule, *Your Visit to Versailles*, art lys, 2001.
· Turhan Kan, *Topkapi Palace*, Orient, 2002.
· 『국립광주박물관』, 1990.
· 『국립민속박물관』, 1993.
· 『국립중앙박물관』, 1997.
· 『국보』 5, 예경문화사, 1985.
· 『그림으로 보는 한국의 문화유산』 1·2, 시공테크, 1999.
· 『금속공예 종합전』, 大壺古美術展示館, 1997.
· 『김홍도의 붓끝에 묻어난 삶』, 2003.
· 『박물관 이야기』, 국립청주박물관, 2000.
· 『발굴유물도록』, 서울대학교 박물관, 1997
· 『북한의 문화재와 문화 유적』 Ⅲ·Ⅳ, 서울대학교 출판부, 2000.
· 『中國歷代藝術-工藝美術編』, 文物出版社, 1994.
· 『中國歷代藝術-繪畫編(上)』, 中國人民美術出版社, 1994.
· 『特別展 李朝の繪畫』, 大和文華館, 1986.
· 『풍속화』, 중앙일보사, 1985.
· 『古宮藏清代帝后服飾』, 紫禁城出版社.
· 『성균관대학교 박물관 도록』, 성균관대학교 박물관, 1998.
· 『창덕궁』, 열화당, 1986.
· 『한국 복식 2000년』, 국립민속박물관, 1997.
· 京都大學校, 『京都大學文學部博物館』, 1987.
· 古宮博物院, 『紫禁城帝后生活』, 中國旅游出版社, 1992.
· 고려대학교 박물관, 『조선 시대 기록화의 세계』, 2001.
· 과학백과사전종합출판사, 『조선의 민속 전통』, 2003.
· 광주민속박물관, 『광주민속박물관』, 1997.
· 국립광주박물관, 『국립광주박물관』, 1990.
· 국립민속박물관, 『국립민속박물관』, 1993.

자 료 제 공 및 출 처

· 국립민속박물관, 『한국 짚 문화』, 1991.
· 국립중앙박물관, 『겨레와 함께 한 쌀』, 2000.
· 국립중앙박물관, 『국립중앙박물관』, 1997.
· 국립중앙박물관, 『입사공예(入絲工藝)』, 1997.
· 국립중앙박물관, 『조선 시대 문방제구』, 1992.
· 국립중앙박물관, 『조선 시대 풍속화』, 2002.
· 김길빈, 『우리 민속 도감』, 예림당, 1999.
· 김남석, 『우리 문화재 도감』, 예림당, 1998.
· 내셔널 지오그래픽, 『사진으로 보는 옛 한국 - 은자의 나라』, YBM Sisa, 2002.
· 농업협동조합중앙회, 『농업박물관 도록』, 1998.
· 문화관광부·한국복식문화 2000년 조직위원회, 『우리 옷 이천년』, 2001.
· 박대헌, 『서양인이 본 조선』(전2권), 호산방, 1997.
· 박왕희, 『한국의 향교 건축』, 문화재관리국, 1998.
· 서울대 규장각, 『조선 후기 지방 지도』, 1996.
· 서울대 규장각, 『규장각 명품 도록』, 2000.
· 서울역사박물관, 『서울역사박물관』, 2002.
· 서울역사박물관, 『조선 여인의 삶과 문화』, 2002.
· 세종대왕기념사업회, 『세종대왕기념관 진열 목록』, 2001.
· 심연옥, 『한국 직물 오천년』, 고대직물연구소, 2002.
· 영남대학교 박물관, 『한국의 옛 지도』, 1998.
· 전북대학교 박물관, 『박물관 도록-고문서』, 1999.
· 한국국학진흥원, 『선비, 그 멋과 삶의 세계』, 2002.
· 한복문화학회, 『99 한국의 상전』, 1999.
· 호암미술관, 『조선 목가구 대전』, 2002.
· 호암미술관, 『조선 전기 국보전』, 1996.
· 호암미술관, 『조선 후기 국보전』, 1996.

―글

야외전시_강응천 / 조선실_정재훈 / 특별전시실_정병모 (특별자문 : 오주석) / 가상체험실_김향금 (특별자문 : 김동욱·김준혁) / 특강실_강명관 / 국제실_강응천 / 최종교열_강응천

―사진

8~9 서장대_정주하 / 10~11 북한산성 _정주하, 「북한산지」_서울역사박물관 / **12~13**「인왕제색도」_호암미술관 **14~15** 주합루_정주하, 「규장각도」_국립중앙박물관 / **16~17**「미인도」_간송미술관, 촛대_국립중앙박물관 / **18~19** 고성 오광대 놀이_박상윤 / **22~23** 살곶이다리_지중근 / **27** 흡연 도구_담인복식미술관 / **28-29** 산목_국립민속박물관, 어음_『한국의 화폐』(대원사), 화폐_국립중앙박물관, 도량형_서울역사박물관, 안흥량_강원대학교 지리교육학과 / **30-31**「태평성시도」_국립중앙박물관, 나침반과 선글라스_호암미술관, 연행길_규장각·지중근 / **32-33**「삼세여래체탱」_용주사·오주석, 유리창_이동준, 「국서누선도」_국립중앙박물관, 「朝鮮人來朝圖」_神戶市立博物館 / **34-35**「금강전도」_호암미술관, 「이채 초상」_국립중앙박물관, 「금강전도」 도해_오주석, **36-37** 士人詩吟(姜熙彥)_『풍속화』(중앙일보사)·개인 소장, 古詩_국립중앙박물관, 「헌수가」_서울역사박물관, 「오상고절」_간송미술관, 묘표_정재훈, 『일성록』_규장각 / **38-39** 돈대_지중근, 조총·불랑기포_전쟁기념관·지중근, 『무예도보통지』_규장각·지중근 / **42-43** 돌짐승_백창훈, 「취중판결도」_프랑스 기메 박물관, 「한양 지도」_규장각, 도성 성벽_백창훈, 엽전_국립청주박물관 / **45** 자매문기_규장각·지중근, 「홍화문사미도」_규장각 / **46-47**「주막 풍경」_간송미술관 , 각종 옹기_옹기민속박물관, 「겨울채비」_국립중앙박물관, 「행려풍속도병」_호암미술관 / **48-49** 침과 침통_국립민속박물관, 『팔세아』_규장각, 『첩해신어』_국립중앙도서관, 「책거리」_『민화1』(예경), 「송석원시사」_『단원 김홍도』(국립중앙박물관)·개인 소장 / **50-51**「청풍계」·「척재제시」_간송미술관 / **52-53**「경기감영도」·백자·평상·고비_호암미술관, 목침_국립중앙박물관, 필격_삼성출판박물관 / **54-55** 열쇠패_서울역사박물관, 「회혼례도」_국립중앙박물관, 수리취떡·원소병·반상_배병석, 떡살_국립민속박물관, 『규합총서』_국립중앙도서관 / **56-57** 흑각 비녀·산호 비녀·백동 빗치개·파란 귀이개 뒤꽂이·떨잠·단추·연밥 장식·가락지와 반지_담인복식미술관, 백옥 초롱 영락 비녀_궁중유물전시관, 산호 가지 노리개·머릿기름합·당혜_궁중유물전시관·김영숙, 허리가리개·무지기 치마_국립민속박물관, 연지도장·기름통·장도_서울역사박물관, 빗접_호암미술관, 「화장하는 여인」_서울대박물관, 「은장도 찬 여인」_동아대학교박물관, 「미인도」_전라남도해남 尹泳善 / **58-59** 궁궐의 변기_홍순민, 다회 항아리_숙명여자대학교 박물관, 주머니_궁중유물전시관 / **60-61** 봉황잠_궁중유물전시관, 『한중록』_규장각, 「일월오봉병풍」_『민화1』(예경), 곤룡포의 보_궁중유물전시관 / **62-63**「시흥환어행렬도」_호암미술관 / **64**「사인삼경도」_『풍속화』(중앙일보)·개인 소장 / **65~73** 단원 김홍도의「풍속도 병풍」_프랑스 기메 박물관 / **67** 소고_국립민속박물관 / **69** 팔걸이_국립민속박물관 / **71** 제등_국립민속박물관 / **73** 화로_국립민속박물관 / **74** 투전_국립민속박물관, 골패_한양대학교 박물관, 쌍륙_국립민속박물관 / **74~77** 「월하정인」(신윤복)_간송미술관, 「대장간」(김홍도)_국립중앙박물관, 풍속화 캐릭터의 출처 : 「유산행차」(신윤복)_간송미술관, 「뱃놀이」(신윤복)_간송미술관, 「단풍놀이」(신윤복)_간송미술관, 「투전」(김득신)_간송미술관. 「과부 · 우물가에서·빨래터의 사나이」(신윤복)_간송미술관, 「우물가」(김홍도)_국립중앙박물관, 「춤」(신윤복)_간송미술관, 「손목」(신윤복)_간송미술관, 「삼각 관계」(신윤복)_간송미술관, 「생황 부는 여인」(신윤복)_국립중앙박물관, 「짚신삼기」(김득신)_간송미술관, 「절구질」(조영석), 「자리짜기」(김홍도)_국립중앙박물관, 「보부상」(권용정)_간송미술관, 「장터 가는 길」(김홍도)_국립중앙박물관. 「독 나르기」(오명현)_국립중앙박물관, 「어물 장수」(신윤복)_국립중앙박물관, 「씨름」(김홍도)_국립중앙박물관 / **77** 간송미술관_양철모 / **85**『화성성역의궤』_규장각 / **87** 활래정_『민족문화백과대사전』/ **88**『흥부전』_『민족문화백과대사전』/ **90**『해동가요』_『민족문화백과대사전』/ **91** 필운대_백창훈 / **92**『소대풍요』_『민족문화백과대사전』/ **94** 체스_지중근 / **95**「영조 어진」_궁중유물전시관 / **96** 중국 황제의 모자_『古宮藏淸代帝后服飾』(紫禁城出版社), 술탄의 투구_*The Topkapi Palace*(Aksit Kultur ve Turizm Yayincilik), 독일 황제의 관·유럽 왕의 관_*Die Welt des Mittelalters*(Belser), 왕의 옥좌_김대벽, 황제의 옥좌_『자금성』(창해), 술탄의 옥좌_*The Topkapi Palace*(Aksit Kultur ve Turizm Yayincilik), 왕의 상징 그림_*Signs and Symbols*(DK), 왕의 옥새_궁중유물전시관, 황제의 수호 동물_이동준, 종교적 권위의 상징·세속 권력의 상징_*Topkapi Palace*(Orient) / **97**「조선의 왕궁」_고려대 박물관, 황제의 궁성_이동준, 「술탄칼리프의 궁전」_*Topkapi Palace*(Orient), 「차르의 황궁」_『그림으로 읽는 세계사 이야기2』(가람기획), 「태양왕의 궁전」_*Your Visit to Versailles*(art lys), 왕실의 술항아리·왕실 용기_궁중유물전시관, 황실 정원의 의자·화장용 함·황제의 옷_『자금성』(창해), 뿔 모양 타일_*Signs and Symbols*(DK), 술탄의 장식 거울_*The Topkapi Palace*(Aksit Kultur ve Turizm Yayincilik), 향수 플라스크_*Topkapi Palace*(Orient), 차르의 옷장_*Die Ermitage*(Bechtermunz Verlag), 차르의 아이스크림 컵·왕의 의자_*History of the World*(DK), 차르의 피스톨_*Die Ermitage*(Bechtermunz Verlag), 거울방_*Your Visit to Versailles*(art lys)

―그림

24~25 한강 포구_백남원(특별 자문 : 고동환) / **26~27** 지방 장시_이원우 / **40~41** 한양 시가지_백남원 / **44~45** 청계천 준천 공사_이원우 / **48** 별감_이수진 / **53** 양반_이수진 / **59** 궁녀_이수진 / **60** 대비_이수진 / **74~77** 풍속화 캐릭터 구성_김향금·이동준·홍경주 / **80~85** 가상체험실 일괄_이선희 (특별자문 : 김동욱·김준혁) / **89, 93** 삽화_이은홍

―디자인

한국생활사박물관 개념도_김도희 / 아트워크_김경진

※ 한국생활사박물관 편찬위원회는 이 책에 실린 모든 자료의 출처를 찾기 위해 최선을 다했습니다.
누락이나 착오가 있으면 다음 쇄를 찍을 때 꼭 수정하도록 하겠습니다.

한국생활사박물관 10 「조선생활관 2」

2004년 2월 6일 1판 1쇄
2010년 4월 15일 1판 7쇄

지은이 : 한국생활사박물관 편찬위원회
편집관리 : 인문팀

출력 : (주)한국커뮤니케이션 / 스캔 : 채희만
인쇄 : (주)삼성문화인쇄
제책 : (주)명지문화
마케팅 : 이병규·최영미·양현범

펴낸이 : 강맑실
펴낸곳 : (주)사계절출판사
주소 : (우)413-756 경기도 파주시 교하읍 문발리 파주출판도시 513-3
등록 : 제406-2003-034호
전화 : 031)955-8588, 8558
전송 : 마케팅부 031)955-8595 편집부 031)955-8596

값은 뒤표지에 적혀 있습니다.
잘못 만든 책은 구입하신 서점에서 바꾸어 드립니다.
사계절출판사는 성장의 의미를 생각합니다.
사계절출판사는 독자 여러분의 의견에 항상 귀기울이고 있습니다.

홈페이지 : www.sakyejul.co.kr
전자우편 : skj@sakyejul.co.kr
독자카페 : 사계절 책 향기가 나는 집 http://cafe.naver.com/sakyejul

ISBN 978-89-7196-689-1
ISBN 978-89-7196-680-8(세트)